Kuno Fischer

Shakespeares Charakterentwicklung Richards III.

Verlag
der
Wissenschaften

Kuno Fischer

Shakespeares Charakterentwicklung Richards III.

ISBN/EAN: 9783957007667

Auflage: 1

Erscheinungsjahr: 2016

Erscheinungsort: Norderstedt, Deutschland

Hergestellt in Europa, USA, Kanada, Australien, Japan
Verlag der Wissenschaften in Hansebooks GmbH, Norderstedt

Shakespeares Charakterentwicklung Richards III.

Von

Kuno Fischer

Zweite Auflage

Heidelberg
Carl Winters Universitätsbuchhandlung

Verlags-Nr. 1150.

Inhaltsverzeichnis.

Erster Abschnitt.

Grundlegung des Charakters.

Heinrich VI.

Zweiter Abschnitt.

Entwicklung des Charakters.

Richard III.

Grundlegung des Charakters

Heinrich VI.

I.

Einleitung.

———

Es gibt unter den Vermögen der dramatischen Kunst eines, in welchem Shakespeare die wenigen Dichter, die überhaupt mit ihm wetteifern können, unbestritten übertrifft: das ist die Kunst seiner Charakteristik sowohl in dem Umfange, den sie beherrscht, als in der Tiefe, bis zu welcher sie in die verborgenen Wurzeln der menschlichen Charaktere eindringt und hier die Beweggründe der Handlungen bloßlegt. Die Handlungen, aus denen sich der geschichtliche Verlauf eines Dramas zusammensetzt, wollen bei ihm aus der innersten Natur der Charaktere heraus beurteilt und verstanden werden; daher die Kunst der dramatischen Komposition bei Shakespeare erst richtig zu würdigen ist aus der Einsicht in die Kunst seiner Charakteristik.

Im Hinblick auf Shakespeares Dichtungen darf man nicht sagen, was Aristoteles im Hinblick auf die dramatische Poesie der Griechen sagen durfte: daß der Mythus oder der Stoff der Handlung im Drama

die Hauptsache sei. Die Handlungen sind die Folgen
der Leidenschaften, wie diese die Folgen des Charakters. Gilt nun die Handlung als das Erste und Maß-
gebende, so ist durch deren Inhalt die Art der Leidenschaften und durch diese die Art der Charaktere bestimmt. Solche Handlungen bedürfen zu ihrer Er-
zeugung solcher Leidenschaften und zu deren Entstehung solcher Charaktere: diese Anschauungsweise
gibt die Richtschnur für die dramatische Dichtung der
Alten. Umgekehrt verhält sich die Sache bei Shakespeare. Hier ist der Charakter das Erste, aus ihm folgen
die Leidenschaften, aus diesen die Handlungen; hier
gilt der Satz: solche Charaktere, solche Leidenschaften,
solche Handlungen.

Gemeinschaftlich beiden Anschauungsweisen ist
die Übereinstimmung zwischen Charakter und Handlung: das Grundthema aller dramatischen Dichtung.
Aber es macht einen großen Unterschied in der
Charakterform, ob diese nach der vorgeschriebenen
Richtschnur der Handlung oder umgekehrt die Handlung in ihren Motiven nach der Natur des Charakters
eingerichtet wird. Im ersten Fall brauchen die
Charaktere in ihren Triebfedern nur so weit entwickelt
zu werden, als es nötig ist, damit sie die Ursachen der
vorgeschriebenen Handlung sein können; die Charakterentwicklung geht daher nur so weit, als die darzu-
stellende Handlung fordert. Nun braucht die be-
stimmte Handlung, welcher Art sie auch sei, keine

anderen Faktoren als im Allgemeinen die Leiden=
schaften und Gemütsbewegungen der menschlichen
Natur; sie braucht Charaktere unter der Herrschaft
dieser oder jener Art der in unserer Natur wirksamen
Affekte. Wir kommen daher auf diesem Wege in der
Bestimmung der Charaktere nur bis zur Charakter=
art: diese Art nennen wir Typus, die Leidenschaft,
von der sie erfüllt und ergriffen ist, Pathos. Daraus
ergibt sich eine dramatische Kunst, deren Charakter=
formen sich typisch gestalten. Im Vergleiche mit
jener anderen Kunst, deren Aufgabe vorzugsweise
die Darstellung des Typisch=Menschlichen ist, ließe
sich die dramatische Poesie, die nur Charakterarten
bildet, als eine Plastik der Charaktere bezeichnen.

Und gerade in diesem Punkte liegt der Haupt=
unterschied zwischen Shakespeare und den Alten.
Shakespeares dramatische Kunst ist nicht plastisch,
seine Charakteristik geht tiefer. Die Charakterent=
wicklung muß in demselben Maße eindringender
und umfassender werden, als dem dramatischen
Dichter der Charakter einleuchtet als die alleinige
Quelle der Handlungen, als deren innerste und letzte
Ursache. Jetzt gilt es, den Charakter in der Wurzel
seiner Natur, in dem innersten Motive seines Daseins
zu ergreifen und eine Charakterform auszuprägen,
die nicht mehr typisch sein kann, sondern durchaus
eigenartig ist und individuell. Um aber einen Cha=
rakter in seinem Lebensgrunde zu fassen, in dem „Ge=

jeß, wonach er angetreten", zu erkennen und gleich=
sam mit seiner Wurzel darzustellen: dazu gehört ein
Reichtum, eine Tiefe und Genialität der Menschen=
kenntnis, in welcher Shakespeare einzig ist unter den
dramatischen Dichtern der Welt.

Je schwieriger und für das Auge der gewöhnlichen
Menschenbetrachtung undurchsichtiger ein Charakter
ist, je mehr sich in ihm scheinbar entgegengesetzte
Eigenschaften mischen, um so anziehender und größer
ist die in ihm gelegene Aufgabe für einen Dichter wie
Shakespeare. Charaktere dieser verborgenen Art sind
die Rätsel, die er uns löst. Gerade hier eröffnet uns
seine Poesie den Schatz ihrer tiefen und unerschöpf=
lichen Menschenkenntnis.

Wirken nun in einer menschlichen Natur unge=
heure Schicksale und Kräfte dergestalt zusammen, daß
sie eine selbstsüchtige Leidenschaft ganz entfesseln, zu
furchtbaren Ausbrüchen, zu moralisch entsetzlichen
Wirkungen treiben, so haben wir das menschlich Böse
in seiner grandiosen Gestalt vor uns, einen Charakter
der eigensten Art, in dessen Betrachtung die Bewunde=
rung vor der Kraft unwillkürlich zusammenfällt mit
dem Abscheu vor der Wirkung. Das Geheimnis des
Bösen ist eines mit dem Geheimnisse der menschlichen
Individualität in der Grundrichtung ihres Willens.
Je großartiger beide sind, um so weniger sind sie zu
trennen. Daher wird eine Kunst, die ihrer ganzen
Anlage nach zur Bildung der Charaktertypen mehr

als der Charakterindividuen bestimmt ist, schwerlich imstande sein, das menschlich Böse dramatisch lebendig zu machen und in seinem wirklichen Ursprunge zu treffen. Shakespeare hat es vermocht, wie kein Dichter vor und nach ihm. Unter den Charakteren seiner Dichtungen gibt es gerade für diese Aufgabe seiner dramatischen Kunst kaum ein größeres Objekt und eine größere Probe als sein Richard der Dritte.

Untersuchen wir diese Probe. Sehen wir zu, aus welchen Bedingungen Shakespeare die Individualität seines Richard hat hervorgehen lassen und was für eine Individualität.

Wie er die Gestalt empfing, war sie bereits von der Geschichtserzählung geformt und in einer Weise ausgeprägt, die mit der geschichtlichen Wirklichkeit keineswegs völlig übereinstimmte. Um nun die geschichtlichen Züge von den poetischen genau zu unterscheiden und das Verhältnis Shakespeares zu seiner nächsten Quelle richtig zu würdigen, müssen wir bestimmen, was auf Rechnung der wirklichen Geschichte, der Geschichtserzählung, der dramatischen Dichtung zu setzen ist, und daher den Gang verfolgen, in welchem das Bild Richards aus der wirklichen Geschichte übergeht in die Geschichtserzählung und von hier in die Hand des Dichters.

II.

Der geschichtliche Stoff.

———

1. Die Häuser Lancaster und York.

Der geschichtliche Stoff, in welchem Shakespeare
die Aufgabe zu dem Charakter Richards fand, ist zugleich der erste große Gegenstand, an dem er wächst
und aus einem nachahmenden Dramaturgen der
erste Dichter des englischen Volkes wird. Sein Projekt ist die Geschichte Englands in jenem schicksals-
vollen Gange, der in einer Reihe mächtiger und erschütternder Begebenheiten aus dem mittelalter-
lichen Normannenstaate bis an die Schwelle der
neuen Zeit führt.

Jenes englisch-normannische Königsgeschlecht, das
mit Wilhelm dem Eroberer beginnt und seit Heinrich II.
den Namen der Plantagenets führt, hat nach drei
Jahrhunderten seiner Herrschaft in einem zweiten
Eroberer, Eduard III., eine solche Machterweiterung
gewonnen, daß diese Fürsten, deren Vorfahren als

Herzöge der Normandie kamen, jetzt Herrscher zweier Reiche heißen dürfen: Könige von England und Frankreich. Mit diesem Umfange königlicher Macht vereinigt sich in Eduard III. die Blüte des Hauses. Zwar sein heldenmütiger Sohn, der schwarze Prinz, ist vor ihm gestorben, aber er hinterläßt außer dem Sohne des Prinzen, seinem Enkel, der als Richard II. die Krone erbt, und außer der Nachkommenschaft eines zweitältesten Sohnes, der noch vor dem schwarzen Prinzen gestorben, drei Söhne als Häupter der drei jüngeren Linien seines Hauses. Der zweitgeborene Sohn ist Lionel Herzog von Clarence, der jüngste Thomas von Gloster, von dem die Grafen von Bukingham abstammen; die beiden mittleren sind Johann von Gent, nach seinen Besitzungen in England auch Lancaster genannt, und Edmund von York: die Häupter der beiden für die Geschichte Englands so verhängnisvollen Häuser Lancaster und York.

Nach Richard II., mit dem die älteste Linie ausstirbt, haben die nächsten Rechte an den Thron die Nachkommen Lionels; diese Rechte erbt Lionels Urenkel Edmund Mortimer Graf von March. Auch hier stirbt die männliche Reihe aus. Aber eine Heirat vereinigt die zweite und vierte Linie der Söhne Eduards, die Nachkommen des Lionel von Clarence und die des Edmund von York; die Rechte Mortimers gehen auf die Yorks über, und der Träger dieser vereinigten Rechte ist Mortimers Schwestersohn, Richard Plantagenet Herzog von York[1], der Vater Richards III.

Der rechtmäßige König nach dem Tode des großen Eduard ist Richard II. Neben ihm stehen als die ersten Männer des Reiches seine beiden Oheime Lancaster und York. Er wird gestürzt durch den Sohn des ersten, der ihn bekriegt, entthront, einkerkert, ermorden läßt. In Heinrich IV. usurpiert das Haus Lancaster den englischen Thron, mit einem Rechtsbruch und einer Blutschuld auf seinem Gewissen. In Heinrich V., dem Sohne des Usurpators, dem Sieger von Agincourt, dem Wiedererorberer Frankreichs, erreicht das Haus Lancaster seinen Höhepunkt. Unter dem Kinde, welches Heinrich V. nach seiner schnellen und leuchtenden Heldenlaufbahn hinterläßt, beginnt der Verfall, der sich mit dem Sturze Heinrichs VI. vollendet.

An diesem schwachen und unglücklichen Könige wird die Schuld seines Hauses gerächt. Es sind die Yorks, welche die Rache vollziegen. Heinrich IV. hat den zweiten Richard entthront und getötet; er hat Mortimer, jenen Urenkel Lionels, seiner Rechte beraubt, unterdrückt und gefangen gehalten; sein Sohn Heinrich V. hat den ersten York, der sich empörte, als Hochverräter hinrichten lassen; es war der

---

[1] Enkel Edmunds von York, Urenkel Eduards III., durch seine Mutter Urenkel Lionels.

Vater des Richard, der sich jetzt gegen Heinrich VI.
erhebt, der Großvater Richards III.

So fühlte sich das Haus York dem Hause Lancaster
gegenüber in dem Rechte der legitimen Erben der
Krone und in der Pflicht der Familienrache. Das
rechtmäßige Königtum erhebt sich gegen das usur-
pierte und der beleidigte Familiengeist des Hauses
gegen seine Erbfeinde. Jenes Rechts- und dieses
Rachegefühl entflammen und verstärken sich gegenseitig, und so zum Ausbruche bereit liegen beide zusammen in Richard, dem Sohne des hingerichteten
York, dem Erben Mortimers. Ihm gegenüber steht
Heinrich VI., in dem die Kraft der Lancaster auf die
Neige geht, schwach durch sich selbst, unter dem Einfluß herrschsüchtiger und gegen einander eifersüch-
tiger Oheime, ein willenloses Werkzeug in der Hand
seines herrschgierigen und leidenschaftlich verblende-
ten Weibes, der Königin Margarete von Anjou. Und
in demselben Maße als in dem Geschlechte der Lancaster das Feuer des Herrschergeistes verglimmt,
lodert es auf in dem der Yorks.

2. Der Kampf der Rosen.

Richards Ziel ist die Krone. Er macht seinen Weg
behutsam, Schritt für Schritt, und enthüllt seine
wahre Absicht erst, nachdem er mächtig genug geworden, sie zu erreichen. Sein nächstes Ziel ist die

Wiedereinsetzung in die väterlichen Güter, er wird
Herzog von York; dann verbindet er sich durch Heirat
mit den Nevils, den mächtigsten Vasallen des Reiches,
und gewinnt dadurch namentlich in Warwick, dem
Percy dieser Zeit, die kraftvollste Unterstützung und
Parteinahme für seine Pläne. Aus Irland, wohin
er als Statthalter auf zehn Jahre geschickt worden,
kehrt er plötzlich nach England zurück und benützt die
steigende Verwirrung der öffentlichen Dinge, um
seinem Ziele näherzukommen, während er noch den
Schein loyaler Anerkennung der herrschenden Familie festhält. Die Geisteskrankheit des Königs, die
gleichzeitige Geburt eines Prinzen (des einzigen
Sohnes Heinrichs VI.) fordern eine Regentschaft.
Der Herzog von York wird zum Protektor erklärt
mit dem Vorsitz im Rat und dem Oberbefehl im
Felde[1]; doch muß er nach wenigen Monaten schon,
da der König als genesen gilt, das Protektorat nieder-
legen und seinem Feinde Somerset weichen[2]. Aus
Haß gegen diesen und aus Sorge für die eigene
Sicherheit greift er zu den Waffen und gewinnt durch
die Schlacht bei St. Albans[3], in der er siegt und
Somerset fällt, zum zweitenmale das Protektorat,
das er im folgenden Jahre zum zweitenmale verliert.

Damit hat der offene Krieg zwischen den Häusern
Lancaster und York seinen Anfang genommen, jener

---

[1] 1454. — [2] Februar 1455. — [3] Juni 1455.

dreißigjährige englische Thron- und Bürgerzwist, den man den Kampf der beiden Rosen nennt. Er beginnt mit der Schlacht von St. Albans und endet mit der Schlacht von Bosworth.

Einige Jahre lang wechselt das Kriegsglück zwischen den Waffen beider Parteien. Auf einen Sieg der Lancaster folgt das nächstemal ein Sieg der Yorks und umgekehrt; nach jedem Siege fallen Opfer der Rache und des Parteihasses. Nach der verlorenen Schlacht bei Ludlow[1] flieht York mit seinem zweiten Sohne Edmund, Graf von Rutland, nach Irland. Schon im folgenden Jahre nach dem Siege Warwicks bei Northampton kehrt er zurück und fordert jetzt im Oberhause zu London als Nachkomme Lionels, als der nächstberechtigte unmittelbare Thronfolger Richards II., die Krone Englands. Gegen das Recht der Abkunft auf Seiten Yorks steht die Tatsache einer sechzigjährigen, zwar durch Usurpation gegründeten, aber durch Parlamentsbeschlüsse gesetzlich gemachten Herrschaft der Lancaster. Die Rechte beider zu vereinigen, wird der Vertrag von Westminster geschlossen[2], wonach Heinrich VI., so lange er lebt, König bleiben und nach seinem Tode die Krone übergehen soll auf das Haus York.

Diesen Vertrag verwirft die Königin; sie verteidigt die Rechte ihres Sohnes und im Bunde mit

---

[1] 1459. — [2] 26. Oktober 1460.

Clifford, dem Feinde der Yorks, besiegt sie noch in demselben Jahre bei Wakefield den Herzog von York, der unbesonnen die Schlacht mit einer ihm weit überlegenen Macht eingeht; er wird gefangen genommen und auf dem Schlachtfelde unter grausamen Verhöhnungen seiner Königswürde enthauptet. Sein Sohn Rutland, damals siebzehn Jahre alt, fällt auf der Flucht in Cliffords Hände und wird von diesem unbarmherzig getötet.

Jetzt ist die verdreifachte Rache bei den Söhnen Yorks, zunächst bei Eduard dem ältesten im Bunde mit Warwick. Die beiden jüngeren Söhne George und Richard, damals Knaben von elf und acht Jahren, werden von der Mutter nach Utrecht geflüchtet, um sie vor den Verfolgungen der Sieger zu schützen.

Im Februar und März des nächsten Jahres (1461) kommt die Sache nach drei Schlachten zu einer ersten Entscheidung. In der ersten Schlacht bei Mortimers Croß siegt Eduard von York, in der zweiten bei St. Albans (Barnet) wird Warwick geschlagen; doch gelingt es beiden sich zu vereinigen, sie halten ihren Einzug in London, und Eduard, damals neunzehn Jahre alt und ein Bild männlicher Schönheit, wird zum Könige ausgerufen als Eduard IV. Die nächste Schlacht bei Towton, eine der größten und blutigsten des ganzen Krieges, befestigt den Sieg durch die völlige Niederlage der Feinde. Heinrich VI. und Margarete fliehen nach Schottland. Die Königin geht im folgenden Jahre hilfesuchend nach Frankreich, kehrt mit fremden Söldnern nach England zurück, wird von neuem geschlagen und rettet sich zuletzt nach Flandern. Der flüchtig umherirrende König gerät in Warwicks Gefangenschaft und wird nach einem öffentlichen schmachvollen Aufzuge im Tower eingeschlossen. Damit endet das erste Jahrzehnt und der erste Abschnitt des Kampfes der Rosen.

3. Der Sieg der Yorks. König Eduard.

Bald entstehen auf Seiten der Yorks selbst Zerwürfnisse, die neue Kämpfe hervorrufen und den Thron Eduards in Gefahr bringen.

Den ersten Anlaß gibt die Heirat des Königs mit Elisabeth Grey, einer geborenen Woodeville, deren Mutter durch ihre erste Ehe eine Herzogin von Bedford, eine Schwägerin Heinrichs V. gewesen war. Die ganze Familie dieser Frau gehört zu der Partei der Lancaster. Ihr Gemahl Lord Grey ist in der Schlacht von St. Albans (1461) für die Sache Heinrichs VI. gefallen; seine Güter sind eingezogen, seine Söhne geächtet. Wie nun Eduard diese durch Anmut und Liebenswürdigkeit (mehr als durch Schönheit) bezaubernde Frau zum erstenmale sieht und sie zu seinen Füßen um Gnade für ihre Söhne bittet, wird das Herz des leichtentzündlichen und für weiblichen Reiz widerstandslosen Königs von leidenschaftlicher

Liebe ergriffen, und da er sie nicht anders gewinnen kann, macht er sie heimlich zu seinem Weibe und bald darauf öffentlich zur Königin. Die Achtserklärung wird aufgehoben, die Brüder und Söhne der Königin zu hohen Würden befördert und ihre Schwestern in die ersten und mächtigsten Familien Englands verheiratet; der König erhebt die Woodevilles, Greys und deren Genossenschaft zu seiner nächsten Umgebung und läßt so eine neue Aristokratie entstehen, vielleicht zur Stütze des neuen Thrones. Dadurch erbittert er die alte, namentlich das Geschlecht der Nevils, die Häupter des Adels, und vor allen Warwick, den kühnsten, populärsten, reichsten Mann unter den englischen Großen, dessen Einfluß und Tapferkeit ihm dazu geholfen hat, daß er die Krone gewonnen.

Der zweite Anlaß liegt in einer politischen Spaltung. Während Warwick Unterhandlungen mit Frankreich führt, geht Eduard in der entgegengesetzten Richtung mit Burgund und verheiratet seine Schwester mit Karl dem Kühnen. Sein Bruder Clarence hält es mit Warwick und vermählt sich mit dessen Tochter Isabelle.

Jetzt verwandelt sich der Kampf der Rosen in eine Empörung Warwicks gegen Eduard IV. Warwick bemächtigt sich des Königs und behandelt ihn als sein Werkzeug; aber von diesem in der Schlacht bei Empingham besiegt (1470), flieht er mit Clarence nach Frankreich und schließt hier zur Wiederherstellung des Thrones der Lancaster ein Bündnis mit der Königin Margarete, das durch die Heirat zwischen Eduard, dem Sohne der Königin, und Warwicks jüngerer Tochter Anna eine Grundlage gewinnt, welche die Interessen beider Familien vereinigt.

Noch einmal erhebt sich die Partei der Lancaster gegen die Herrschaft der Yorks. Eduard, zur Flucht genötigt, geht mit seinem jüngeren Bruder Richard nach Holland. In England folgt eine rasche Umwälzung der Dinge. Warwick erklärt Eduard IV. für einen Usurpator und Heinrich VI. für den rechtmäßigen König, er macht sich zum Protektor, seinen Bruder zum Kanzler des Reiches. Nur wenige Monate dauert seine Herrschaft. Im März 1471 kehrt Eduard zurück und landet bei Ravensspurg, wie einst Heinrich IV., als er kam, den zweiten Richard zu stürzen. Clarence, der seine Rechnung im Bunde mit Warwick nicht findet, tritt wieder zurück auf die Seite des Bruders. Zwei Schlachten entscheiden den Kampf; in beiden siegen die Yorks, zuerst über Warwick bei Barnet[1], dann über Margarete (die erst nach der Schlacht von Barnet in England landet) bei Tewsbury[2]. Warwick fällt bei Barnet; Prinz Eduard, der letzte Sprößling der Lancaster, wird auf dem Schlachtfelde von Tewskbury getötet. Nun folgt der Einzug des siegreichen Königs in London[3]; kurz

---

[1] April 1471. — [2] Mai 1471. — [3] 21. Mai 1471.

nachher stirbt Heinrich VI., im Tower wahrscheinlich ermordet, und zwar, wie man sagt, durch die Hand Richards von Gloster. So endet der zweite Abschnitt des Krieges mit der Vernichtung des Hauses Lancaster, mit der zum zweitenmale erkämpften und neu begründeten Herrschaft des Hauses York. „Nun ward der Winter unseres Mißvergnügens glorreicher Sommer durch die Sonne Yorks; die Wolken all', die unser Haus bedräut, sind in des Weltmeeres tiefem Schoß begraben!"

4. Der Bruderzwist im Hause York.

Damit eröffnet sich der letzte Akt dieser großen Geschichtstragödie. Sein Schauplatz ist das Haus York unter dem Fluch der Lancaster. Was diese an dem rechtmäßigen Erben Eduards III. verbrochen, was dann die Yorks und Lancaster sich gegenseitig zugefügt haben: diese furchtbaren Taten insgesamt haben die Saat ausgestreut, deren letzte Ernte im Hause York aufgeht.

Der erste Ausbruch der inneren Zwietracht ist ein Bruderzwist, der mit einem Brudermord endet. Seitdem Clarence an der Empörung Warwicks teilgenommen und sogar die Krone sich zu sichern gesucht hatte, ist in Eduards Seele Eifersucht und Mißtrauen gegen diesen Bruder rege. Als nun Clarence nach dem Tode seiner Frau eine neue Heirat mit einer der

mächtigsten Fürstentöchter Europas, Maria von
Burgund, der Erbin Karls des Kühnen, zu schließen
wünscht, hindert der König diesen ehrgeizigen und ihm
gefährlichen Plan. Auch die Königin ist dagegen. Dadurch aufs höchste erbittert, läßt sich Clarence in un-
kluger Leidenschaft zu Äußerungen hinreißen, die den
Verdacht des Königs steigern. Er wird verhaftet, des
Hochverrates angeklagt, von den Pairs verurteilt und
heimlich im Tower getötet[1]. Er fällt durch den
Bruder, aber dieser Bruder ist nicht Richard, sondern
Eduard.

Einige Jahre vorher hatte Clarence, um Warwicks
alleiniger Erbe zu sein, die Heirat zwischen seinem
Bruder Richard und seiner Schwägerin Anna (der
Witwe des Prinzen Eduard) durch alle möglichen
Ränke zu hintertreiben gesucht. Die Heirat war den-
noch zu stande gekommen und die Hälfte der Warwick-
schen Erbschaft dem Herzoge von Gloster rechtsgiltig
zugesichert worden.

5. Richard der Dritte.

Dieser ist nach Clarences Tode der älteste und einzige Bruder des Königs, nach dem Tode Eduards der
nächste zur Vormundschaft und Regentschaft berech-
tigte Oheim der beiden noch unmündigen Prinzen,
die Eduard hinterläßt, und wenn diese Linie vor ihm

---

[1] Februar 1478.

erlischt, der nächste Erbe der Krone. Als der König
stirbt, ist Richard fern von London, seit einigen Jahren
schon mit der Kriegsführung in Schottland beschäftigt.
Seine ersten Schritte zeigen keine den Rechten der
Söhne Eduards feindliche Absicht, er läßt dem jungen
Könige zu York den Eid der Treue leisten und leistet
ihn selbst. Aber seine eigenen Vormundschafts- und
Regentschaftsrechte sieht er durch eine Gegenpartei
bedroht, die er schnell aus dem Wege räumt. Der
junge König ist in der Hand seiner mütterlichen Verwandten, an deren Spitze Graf Rivers, der Bruder
der Königin, steht, der Erzieher des Prinzen, jetzt der
einflußreichste Mann in dessen Nähe und auch dem
Herzen des Prinzen der liebste Oheim. Richard läßt
Rivers und seine Genossen in Northampton gefangen nehmen, bemächtigt sich der Person des
Prinzen Eduard und führt ihn nach London. Auf die
Nachricht von der Verhaftung der Ihrigen flieht die
Königin Elisabeth mit ihren Töchtern und ihrem
zweiten Sohne Richard in das Asyl der Westminsterabtei, aber Richard erzwingt die Auslieferung des
Prinzen, läßt beide Brüder im Tower streng bewachen
und die Häupter der Gegenpartei, Rivers, Grey,
Vaughan hinrichten.

Der vornehmste und mächtigste Mann am Hofe
ist der Herzog von Buckingham, ein Nachkomme des
jüngsten Sohnes Eduard III., selbst voll ehrgeizigen
Strebens. Mit diesem macht Richard gemeinschaft-

liche Sache in der Verabredung und Ausführung
seiner nächsten Pläne, deren Ziel die Usurpation ist.
Hier steht ihm wieder eine Partei entgegen, deren
Häupter Hastings, Stanley und der Bischof Morton
von Ely sind. Mit einem plötzlichen terroristischen
Staatsstreiche wirft er sie nieder. In der Ratsver-
versammlung im Tower, welche die Krönung des
Prinzen festsetzen soll, erklärt Richard, allen uner-
wartet, daß man seinem Leben nachstehe, er habe die
Verschwörung entdeckt; die Königin und Frau Shore
(die Maitresse Eduards) seien die Anstifter, jene
Lords Teilnehmer dieser schlimmen gegen ihn ge-
schmiedeten Pläne; er läßt die letzteren sogleich ver-
haften und Hastings auf der Stelle enthaupten[1].
Damit verbreitet er einen Schrecken, der jeden weite-
ren Widerstand lähmt.

Der dritte Schritt ist die Usurpation. Auf seinen
Antrieb wird öffentlich gegen die rechtmäßige Thronfolge der Söhne Eduards und gegen die Giltigkeit
der Ehe des Königs gepredigt; in demselben Sinne
bearbeitet gleichzeitig Buckingham den Stadtrat von
London und bewirkt, daß die Häupter der Stadt und
das Volk von London nach Baynard-Castle eilen und
dem Protektor, der hier wie in stiller Zurückgezogen-
heit lebt, die Krone antragen. Nach einem heuchlerischen Gaukelspiele scheinbaren Widerstrebens nimmt

---

[1] 13. Juni 1483.

er sie an. Dann folgt die feierliche Krönung erst in London[1], dann in York[2], wo sein (einziger) Sohn zum Prinzen von Wales erklärt wird.

In der Zwischenzeit der beiden Krönungsfeste, während Richard seine Königsreise im Lande macht und die Teilnahme für die gefangenen Söhne Eduards sich im Volke schon zu rühren beginnt, scheint er den Plan gefaßt und die Mittel gefunden zu haben, jene rechtmäßigen Erben der Krone aus dem Wege zu schaffen. Nach einiger Zeit verbreitet sich das Gerücht, die Prinzen im Tower seien gestorben. Es wird erzählt, daß Richard auf seiner Reise von Gloster aus befohlen habe, sie zu töten; diesen Befehl habe Tyrrel in den ersten Tagen des August 1483 ausgeführt, die Knaben ersticken und ihre Leichen innerhalb des Tower am Fuß einer Treppe vergraben lassen. Anzeichen genug sind vorhanden, welche die Erzählung bestätigen. Überall hält man die Prinzen für ermordet und Richard für den Mörder.

Im Stillen wächst die Zahl der Gegner, die auf den Sturz des Tyrannen sinnt. Ihre Blicke richten sich auf einen Mann, der außer Richards Gewalt lebt und der einzige ist, der durch seine Abkunft die lancasterschen Ansprüche auf die Krone sich aneignen und in seiner Person erneuern kann: Heinrich Richmond, der Sohn eines Tudor, von väterlicher Seite

***

[1] 6. Juli 1843. — [2] 8. September 1483.

der Enkel der Witwe Heinrichs V., durch seine Mutter Margarete von Beaufort der Urenkel eines (zwar für legitim erklärten, aber nicht zur königlichen Erbfolge berechtigten) Sohnes Johanns von Gent, des Hauptes der lancasterschen Linie[1]. Auf diese seine mütterliche Abkunft gründet sich jetzt, nachdem das königliche Haus der Lancaster, der Zweig Heinrichs IV., erloschen ist, die Prätendentschaft Richmonds; er ist, einem Nebenzweige entsprossen, der Letzte vom Stamme der Lancaster. Die Häupter seiner Partei sind der Bischof Morton von Ely und sein Stiefvater Lord Stanley (der dritte Mann der Margarete von Beaufort), beide von Richard bei jenem Staatsstreiche verhaftet, dann wieder freigegeben, Stanley sogar unbegreiflicherweise mit einem Hofamte bekleidet. Der Bischof Morton faßt zugleich den fusionistischen Plan, durch eine Heirat zwischen Richmond und Elisabeth, der ältesten Tochter König Eduards IV., den Streit der beiden feindlichen Häuser für immer zu schlichten; die Königin-Witwe und die Gräfin Richmond stimmen dem Plane bei, die Empörung gegen Richard wird beschlossen und alles für deren Ausbruch vorbereitet, sobald Richmond von der Bretagne aus an der englischen Küste landet.

Mit einemmale läßt Buckingham, der die Usur-

---

[1] Johann von Beaufort stammt aus der Ehe Johanns von Gent mit Katharina Swynford.

pation mit in Szene gesetzt, die Sache Richards im
Stich und tritt auf die Seite der Verschwörung. Die
Gründe seines Abfalls sind geschichtlich nicht bekannt. Daß Richard ihm die versprochene Grafschaft
Hereford vorenthalten oder sonst eine seiner Ver-
sprechungen nicht gehalten und ihn karg behandelt
habe, ist keineswegs richtig; Kargheit war überhaupt
nicht sein Fehler, und er hat Buckingham insbesondere mit Beweisen der Freigebigkeit aller Art
überhäuft. Vielleicht daß persönlicher Ehrgeiz, sogar
eigenes Trachten nach der Krone das nächste Motiv
war, aus dem der selbstsüchtige und charakterlose
Mann den König verriet, den er hatte machen helfen,
der aber nicht dazu angetan war, die Kreatur eines
anderen zu sein. Der erste Ausbruch der Verschwörung im Oktober 1483 mißlingt, Richmond
muß unverrichteter Sache nach der Bretagne zurück-
kehren, Buckingham wird gefangen genommen und
hingerichtet.

Indessen arbeitet die verschworene Partei im
Stillen weiter und unterhöhlt immer mehr die Stel-
lung des Usurpators. Ihn selbst überkommt ein un-
heimliches Gefühl der Unsicherheit, das ihn arg-
wöhnischer, unruhiger, heftiger macht als je. Der
Verlust seines einzigen Sohnes[1] trifft ihn schwer; die
Eltern, so heißt es, seien über diesen Tod außer sich

---

[1] April 1784.

gewesen. Zu der Sorge für die eigene Person kommt noch die um die Thronfolge.

Die Königin Anna erkrankt zu Anfang des Jahres 1485 und stirbt nach einigen Monaten. Vielleicht daß, noch während sie lebte, der König sich schon mit dem Gedanken einer neuen Heirat trug; es heißt, er habe die junge Elisabeth, seine Nichte, die Tochter König Eduards, zur Frau nehmen wollen, wobei freilich die Verwandtschaft als kirchliches Hindernis im Wege stand. Gewiß ist, daß Richard mit der Königin-Witwe in der Westminsterabtei bereits versöhnliche Unterhandlungen angeknüpft hatte, und die Prinzessin Elisabeth selbst, wenn es mit jenem Briefe, den sie im Februar 1485 an den Herzog Norfolk geschrieben haben soll, seine Richtigkeit hat, scheint die Heirat mit dem Könige leidenschaftlich gewünscht zu haben.

Mit der neuen Landung Richmonds, die besser gelingt als die erste, naht die Entscheidung, die dem Kampfe der Rosen für immer ein Ende macht. Der Verrat lauert in der Nähe des Königs. Stanley geht mit seinem Heere zu Richmond über. Auf dem Felde von Bosworth kommt es zur Schlacht den 22. August 1485. Böse Träume sollen die Nacht vorher den König beunruhigt haben, er erscheint am Morgen der Schlacht bleicher als sonst, überzeugt, daß die letzte Entscheidung bevorsteht, und entschlossen, als König entweder zu siegen oder zu sterben. Er kämpft

in der Schlacht wie ein Rasender, stürmt gegen Richmond los, wie er ihn erblickt, wirft dessen Banner-
träger zu Boden und sinkt, von vielen überwältigt,
die Krone auf dem Helm[1].

---

[1] Zu vgl. R. Pauli, Geschichte von England. V. Band.
XVII. Abt.

III.

Geschichtserzählung und Dichtung.

----

1. More und Holinshed.

Die kurze Regierungszeit Richards III., drei
Monate der Regentschaft und zwei Jahre der königlichen Gewalt, ist angefüllt, mit blutigen Taten. Er
hat durch den Schrecken regiert, die Krone geraubt,
die rechtmäßigen Erben derselben heimlich getötet:
diese Tatsachen reichen schon hin, um sein Bild zu
einem Gegenstande der Verabscheuung zu machen.
Nach seinem Untergange fand sich keiner, der ihn
verteidigt oder auch nur unparteiisch seine Geschichte
geschrieben hätte. Wohl aber überlebte ihn der Partei-
haß, dessen Interesse es war, in dem Andenken des
englischen Volkes Richard den Dritten wie einen
Kakodämon erscheinen zu lassen. Je verabscheuungs-
würdiger Richard dargestellt wird, um so preiswür-
diger hebt sich dagegen das neue Königsgeschlecht der
Tudors hervor, dessen Begründer England von jenem
Ungeheuer befreit hat. Schnell bemächtigt sich die
Sage und eine für die Tudors parteiisch gestimmte

Geschichtsschreibung der Figur dieses Königs, um sie schwarz in schwarz auszumalen, und die Volksphantasie, die das Schreckliche liebt, läßt sich gern dieses Bild mit allen seinen entsetzlichen Zügen einprägen. Auch ist in vielen Punkten die Geschichte Richards so wenig erhellt, daß die Sage hier bequemen Spielraum genug findet, um sich auszubreiten und, sei es nun absichtlich oder unwillkürlich, in die geschichtlichen Züge eine Menge mythischer Bestandteile zu mischen.

Es liegt so nahe, daß er, der die Söhne seines Bruders ermorden ließ, auch sein eigenes Weib, die einer neuen Heirat im Wege stand und gerade starb, als Richard mit diesem Plane umging, durch Gift aus dem Wege räumte; daß er von Anfang an nach der Krone getrachtet, deshalb auch bei jenem Bruderzwist zwischen Eduard und Clarence und bei der Ermordung des letzteren seine verderbliche Hand im Spiele gehabt und die Sache geleitet; daß auch er es gewesen, der die beiden letzten Lancaster, König Heinrich im Tower und den Prinzen Eduard bei Tewksbury getötet habe. So häuft sich die Zahl seiner Frevel ins Unerhörte, und das Bild rundet sich ab. Er ist der vernichtende Dämon der Rachsucht gegen das Haus Lancaster, der Herrschsucht gegen das eigene Haus, ein Ungeheuer an Seele und Leib.

Vielleicht war es sein Hauptgegner, der Bischof Morton von Ely selbst, aus dessen mündlichen oder schriftlichen Mitteilungen Thomas More, der den

Bischof persönlich gekannt hat, zuerst die Geschichte Richards niederschrieb und jenes entsetzliche Charakterbild entwarf, das in seinen Hauptzügen Hall, dann Holinshed fast vollständig in ihre Chroniken, und von hier aus Shakespeare in den Stoff seiner Dichtung aufnahm und dieser im Groben zugrunde legte[1].

2. Dichtungen vor Shakespeare.

Schon vor Shakespeare hat die dramatische Dichtung sich in zwei literarisch bekannten Fällen an diesem Gegenstande versucht: in einem lateinischen Drama: „Richardus tertius" von Dr. Legge, welches Studenten in Cambridge vor 1583 aufführten, und in einem englischen Trauerspiel „The true tragedie of Richard the third", das 1594 veröffentlicht und wahrscheinlich vor 1588 verfaßt wurde.

Die Einbildungskraft und Empfindungsweise des Zeitalters war für diesen Stoff vorbereitet, das Bild Richards III. lag in dem Interesse und in der Richtung der Volksphantasie, und so wurde die Darstellung

---

[1] Thomas More schrieb seine tragical history of Richard III. wahrscheinlich 1509; Halls Chronik, die von Heinrich IV. bis zum Tode Heinrichs VII. reicht, erscheint 1548, Holinsheds Chronik 1577. Eine sehr eingehende und gründliche Vergleichung des Shakespeareschen Gedichtes mit der Hauptquelle (Holinshed) in Rücksicht auf deren verschieden gefärbte Bestandteile (More und Hall) gibt W. Oechelhäuser in seinem „Essay" über W. Shakespeares König Richard III."

desselben bald zu einer poetischen Aufgabe, deren wirkliche Lösung aber nur einem Dichter wie Shake-speare gelingen konnte. Die geschichtliche Figur war schon zum Teil in die mythische Fassung eingegangen; jetzt sollte das Bild Richards aus der epischen Form der Geschichtserzählung übergehen in die der dra-matischen Dichtung. Zwischen dem geschichtlichen Richard und dem shakespeareschen liegen gleichsam als Übergangsformen die Darstellungen Mores, der Chronisten und die ersten dramatischen Versuche. Ob nun Shakespeare die letzteren gekannt hat oder nicht, abhängig von ihnen ist er in keiner Weise. Seine Quelle war Holinshed, in dessen Chronik er fand, was Thomas More gegeben.

3. Shakespeares Aufgabe.

Differenz zwischen Geschichte und Dichtung.

Aber die Aufgabe, die Shakespeare in Betreff Richards III. sich setzte, war keineswegs die bloße Ver-wandlung der Chronik in ein Drama, sondern die bei weitem schwierigere und tiefer liegende einer Charakterentwicklung, in welcher die Handlungen Richards aus dem innersten Grunde seines Charakters motiviert und dieser selbst in seiner Entstehung dar-gestellt wird. Er mußte die Züge, welche die Chronik ihm an die Hand gab, alle aus dem einen Beweg-grunde hervorgehen lassen, in welchem der Charakter ruht und seinen Schwerpunkt hat; er mußte zeigen, wie dieser Schwerpunkt sich feststellt und der Charakter sich formt; er mußte deshalb bis zu dessen Wurzel und Ursprung zurückgehen und eine Gegend im Leben Richards dramatisch erhellen, die in der Geschichtserzählung dunkel bleibt. Damit sah Shakespeare eine Aufgabe vor sich, die nicht durch bloße Nachbildung, sondern durch eine völlig freie dichterische Aufnahme und Behandlung des Gegenstandes gelöst sein wollte; nur so konnte er das stückweise gegebene Bild innerlich vollenden und ausdichten. Er mußte in der Dichtung weiter gehen, um der Wahrheit näher zu kommen und sie tiefer zu ergreifen. Sein Richard ist ein Beispiel mehr für die Wahrheit des aristotelischen Wortes, daß die Poesie philosophischer ist als die Geschichte.

Nun ist der Grundzug in dem Charakter Richards die Herrschsucht: in diesem Punkte fällt die Geschichtserzählung mit der wirklichen Geschichte zusammen. Aus Herrschsucht hat er die Krone geraubt, die Söhne seines Bruders geopfert, vielleicht sein Weib vergiftet. Aus der Herrschsucht, wie aus ihrem Brennpunkte, sollen sämtliche Handlungen Richards ausstrahlen; von hier aus wird die Dichtung den Charakter in seinem ganzen Umfange und Verlaufe erleuchten. Es liegt daher nicht im Interesse der Dichtung, die Frevel zu vermindern, welche von hier aus entspringen. Im Gegenteil: was Richard aus Herrsch-

sucht getan haben kann, soll er getan haben. Jetzt
werden die zweifelhaften und unsicheren Züge notwendige und in dem Charakter begründete Handlungen. Er hat sein Weib wirklich vergiftet; hat er
sie aus Herrschsucht getötet, so hat er sie auch nicht
aus Liebe geheiratet; dasselbe Motiv bestimmt die
Werbung und den Mord. Hat er die Söhne seines
Bruders aus dem Wege geräumt, weil sie der schon
gekrönten Herrschsucht ein stets gefahrdrohender An-
stoß waren, so wird er auch seinen älteren Bruder
Clarence ins Verderben gestürzt haben, denn seine
Herrschsucht begehrte schon damals die Krone. Auch
König Eduards Tod darf nicht ganz ohne seine Mit-
schuld stattfinden; hat er ihn nicht geradezu bewirkt,
so hat er ihn doch beschleunigt und den schon durch
Krankheit geschwächten König mit der Nachricht von
Clarences Tode zur Verzweiflung getrieben.

Um die Herrschsucht Richards in ihrer ganzen
Stärke und Furchtbarkeit zum Ausdruck zu bringen,
muß sie Shakespeare den vollen Umkreis ihrer verderblichen Wirkungen vollenden lassen und mit den
Freveln, die das Haus York vernichten, reine Rechnung machen: sie sind alle das Werk Richards. Das
unnatürliche Verhältnis zu seiner Mutter, wie es
Shakespeare darstellt (wie es geschichtlich keineswegs
war), ist davon die einfache Folge.

Hat Richard aus Herrschsucht das eigene Haus
vernichtet, so muß dasselbe Motiv, durch Nachsucht

verstärkt, ihn um so mehr getrieben haben, die Letzten aus dem feindlichen Hause der Lancaster zu verderben. Hier kommt dem Dichter die Geschichtserzählung entgegen. Er läßt Richard den König Heinrich mit eigener Hand im Tower umbringen und an der Ermordung des Prinzen Eduard auf dem Schlachtfelde von Tewksbury seinen Teil nehmen.

Diese Handlungen sämtlich müssen in der Dichtung nahe zusammenrücken, denn sie sind eine streng geschlossene und zusammengehaltene Kette, die gleichartigen Folgen eines Motivs, die gleichartigen Mittel zu einem Ziel. Daher läßt Shakespeare, wie es die Ökonomie der Dichtung fordert, Begebenheiten, die durch eine Reihe von Jahren getrennt und zerstreut sind, unmittelbar einander folgen: das Begräbnis König Heinrichs, die Werbung um Anna, Clarences Verhaftung und Ermordung, König Eduards Tod[1].

Die Schlachten von Barnet und Tewksbury, in denen der Thron der Yorks zum zweitenmal erkämpft wird und Richard, damals neunzehn Jahre alt, die ersten Proben großer kriegerischer Tüchtigkeit an den Tag legt, sind die Anfänge seiner geschichtlichen Lauf-

---

[1] König Heinrich VI. stirbt 1471, Clarence wird 1477 verhaftet, 1478 getötet, König Eduard stirbt 1483, die Heirat zwischen Richard und Anna ist schon 1474 eine vom Parlament anerkannte Tatsache.

bahn. Aus der früheren Zeit ist geschichtlich nur bekannt, daß er nach der unglücklichen Schlacht von Wakefield nach Utrecht geflüchtet und nach der siegreichen Schlacht bei Towton zurückgebracht und zum Herzoge von Gloster ernannt wurde; daß er neun Jahre später den Kriegsbefehl in Schottland führte und mit seinem von Warwick vertriebenen Bruder Eduard nach dem Haag floh.

An den Schlachten, welche die ersten Jahre des englischen Bürgerkrieges erfüllen, konnte er keinen Teil nehmen, denn er war damals noch Kind. Als die erste Schlacht der Rosen bei St. Albans geschlagen wurde, in der Somerset fiel und der Herzog von York sich das Protektorat erkämpfte, war Richard drei Jahre alt, er war ein Knabe von acht Jahren, als sein Vater bei Wakefield umkam.

Die Shakespearesche Dichtung, unbekümmert um die Geschichte und die Geschichtserzählung, läßt ihren Richard nicht blos in allen jenen Schlachten mitkämpfen, sondern von Anfang an deren Held sein, ganz erfüllt von der Sache der Yorks, ganz durchdrungen von dem Geist, den Leidenschaften und der Wildheit jener Kriege, in denen zwei erbfeindliche und nah verwandte Fürstengeschlechter mit steigendem Grimm um die Königsherrschaft ringen. Hier sehen wir, wie der Charakter Richards entsteht. Die Schule die ihn entwickelt, großzieht und seine aufkeimende Herrschsucht ins Ungeheure treibt, sind die Schlachten

von St. Albans, Wakefield, Towton, Barnet, Tewksbury.

Auch hier muß die Dichtung zusammenziehen,
was in dem geschichtlichen Verlaufe jahrweit ausein-
ander fällt. Bevor der Herzog von York die Krone
fordert und zum Erben derselben erklärt wird, hat der
Krieg bereits fünf Jahre gedauert, und die Schlachten
von St. Albans, Ludlow, Northampton sind voraus-
gegangen. Der geschichtliche Zeitpunkt der Schlacht
von St. Albans ist das Jahr 1455, der geschichtliche
Zeitpunkt des Vertrages von Westminster, der dem
Hause York die Thronfolge sichert, ist das Jahr 1460;
in der Dichtung werden beide Begebenheiten zusam-
mengerückt und der Vertrag von Westminster dar-
gestellt als die unmittelbare Folge der Schlacht von
St. Albans.

So forderte die Charakteristik Richards, wie sie in
Shakespeares Aufgabe lag, mannigfaltige Abände-
rungen des geschichtlichen, von der Chronik überliefer-
ten Stoffes. Die dramatische Dichtung mußte die
Charakterentwicklung Richards weit vor dem Zeitpunkte beginnen lassen, in welchem seine geschichtliche
Laufbahn anfängt und anfangen konnte. Daher
richtet sich unsere Aufmerksamkeit zunächst auf die
Dichtung, welche bei Shakespeare der Tragödie
Richards III. unmittelbar vorausgeht und die Grund-
legung des Charakters enthält.

IV.

Shakespeares Autorschaft Heinrichs VI.

——

1. Die beiden Tetralogien.

Das große Trauerspiel englischer Geschichte, das mit Richard III. endet, beginnt schon mit dem Sturze Richards II. Dieser ganze weit ausgedehnte Stoff, der beinahe ein Jahrhundert umfaßt, teilt sich in zwei große übersichtliche Themata: das erste enthält den Untergang Richards II., die Usurpation und Erhebung des Hauses Lancaster bis zu seinem Höhepunkt, das zweite den Untergang der Lancaster, die Erhebung und den Fall des Hauses York.

In der dramatischen Komposition gliedert sich jedes dieser Themata in vier Stücke und bildet demnach eine Tetralogie: die erste Tetralogie umfaßt Richard II., die beiden Teile Heinrichs IV., und Heinrich V., die zweite die drei Teile Heinrichs VI. und Richard III.

Von diesen beiden Tetralogien ist die zweite früher gedichtet als die erste, und die Stücke folgen

in der Komposition so aufeinander: Heinrich VI.,
Richard III., Richard II., Heinrich IV., Heinrich V.

2. Die kritische Frage in Betreff Heinrichs VI.

Die Reihenfolge der Historien beginnt demnach
mit Heinrich VI. Hier stoßen wir auf eine kritische
Frage. Die Trilogie nämlich, die in den Shakespeareschen Historien unter dem Namen „Heinrich VI."
erscheint, gilt keineswegs für eine so ausgemacht
selbständige Dichtung Shakespeares als die übrigen
Historien. Es gibt zwei ältere uns bekannte Stücke,
die den Kampf der beiden Rosen zu ihrem Inhalt
haben. Das erste führt den Titel „der erste Teil des
Kampfes zwischen den beiden berühmten Häusern
York und Lancaster", das zweite „die wahre Tragödie
des Herzogs Richard von York"[1].

Das Verhältnis Shakespeares zu diesen beiden
Stücken ist seit langer Zeit ein interessantes und viel-
verhandeltes Problem der englischen Literatur. Verglichen mit Heinrich VI., entsprechen den beiden
letzten Teilen dieser Dichtung jene beiden eben ge-
nannten Stücke dergestalt, daß ihre Übereinstimmung

---

[1] The first part of the contention betwixt the two famous
houses of York and Lancaster etc. „The true tragedie of
Richard duke of York etc." Beide Stücke sind nach den beiden
einzigen in Oxford aufbewahrten Exemplaren von Halliwell
für die englische Shakespeare-Gesellschaft herausgegeben
(1843).

dem wörtlichen Inhalte nach bei weitem größer ist, als die Differenz. Die Veränderungen, welche hinzukommen, sind ohne Zweifel von Shakespeare. Ist das unverändert Aufgenommene auch von Shakespeare? Hat sich Shakespeare zu jenen alten Stücken blos bearbeitend, ausscheidend und hinzufügend, oder auch hervorbringend verhalten? Wie steht es mit seiner Autorschaft in Betreff Heinrichs VI.? Das ist die Frage, über welche die Shakespeare-Gelehrten im Streite sind. Sie steht mit unserem Thema in einem nahen Zusammenhange, und ich berühre sie hier, soweit es dieser Zusammenhang fordert.

3. Der erste Teil.

Da aber der erste Teil Heinrichs VI. mit der Charakteristik Richards nichts zu tun hat, so darf ich hier die Frage, ob dieser Teil wirklich von Shakespeare herrührt, auf sich beruhen lassen. Die Ansichten englischer und deutscher Kritiker stehen in diesem Punkt einander sehr schroff entgegen. Während die einen den ersten Teil Heinrichs VI. unserm Dichter so nachdrücklich absprechen, daß sie ihn sogar aus seinen Werken verbannt wissen wollen, verteidigen andere unbedingt Shakespeares alleinige Autorschaft. Unter den äußeren Gründen dafür wird das meiste Gewicht auf die Tatsache gelegt, daß alle drei Teile Heinrichs VI. in der ersten Gesamtausgabe der Werke

Shakespeares erschienen sind, deren Herausgeber
Freunde und Kunstgenossen des Dichters waren.
Als innere Gegengründe gelten die vielen Unvoll=
kommenheiten und Mängel, an denen sichtlich jener
erste Teil leidet, und welche die Verteidiger der
Echtheit mit der Autorschaft Shakespeares dadurch
auszugleichen suchen, daß sie das Werk unter seine
frühen Jugendarbeiten rechnen. Sie berufen sich
außerdem auf den inneren Zusammenhang und den
einheitlichen Plan aller drei Teile, woraus erhelle,
daß Shakespeare als Verfasser der beiden letzten
Teile notwendig auch der des ersten sein müsse.
Freilich wird damit den Gegnern die Sache nicht
bewiesen, denn diese bestreiten eben jene beiden Vor=
aussetzungen: sowohl daß die beiden letzten Teile
überhaupt von Shakespeare herrühren, als daß sie
mit dem ersten ursprünglich und planmäßig verknüpft
sind; vielmehr seien die wenigen Stellen des ersten
Teiles, aus denen ein solcher Zusammenhang ein=
leuchte, erst später von einer überarbeitenden Hand
hineingetragen. Um darüber mit einer Sicherheit
zu urteilen, welche die Gegenrede ausschließt, müßte
man die ursprüngliche Form des ersten Teiles von
der späteren Bearbeitung unterscheiden und beide
miteinander vergleichen können. Aber dieses Experi=
ment läßt sich nicht machen, denn das erste zur Ver=
gleichung notwendige Glied fehlt. Wir haben den
ersten Teil Heinrichs VI. in keiner früheren Gestalt

als wie er in der ersten Gesamtausgabe der Werke
Shakespeares erscheint[1].

4. Die beiden letzten Teile und die älteren Stücke.

Anders verhält es sich mit den beiden letzten
Teilen, die sich mit jenen beiden älteren Stücken vergleichen lassen und offenbar im Kern der Sache mit
ihnen eins sind[2].

Beide Stücke hängen so genau mit einander zusammen, daß sie nach einem Plane verfaßt sein
müssen und darum kaum anders als von einem
Dichter geschrieben sein können. Und auf der anderen
Seite ist die Inhaltsübereinstimmung beider Stücke
mit dem zweiten und dritten Teile Heinrichs VI. so
groß, daß wer jene gedichtet hat, auch in Rücksicht
auf diese als der eigentliche Verfasser gelten muß.
Ist dieser Autor Shakespeare?

Man hat versucht, bei der Vergleichung die Bestandteile zu sondern und die aufgeworfene Frage

---

[1] Über die Frage nach der Autorschaft Shakespeares, be-
treffend den ersten Teil Heinrichs VI., vgl. Gervinus, Shakespeare (3. Aufl.) I. Bd. S. 144—150, und im Gegensatz dazu
„Shakespeares Werke, herausgegeben u. erklärt v. N. Delius“,
IV. Bd., Einleitung.

[2] Das erste jener beiden Stücke „the first part etc.“
erschien 1594, das zweite „the true tragedie etc.“ ein
Jahr später; 1600 wurden beide Stücke gemeinschaftlich
herausgegeben, 1619 erschienen beide gemeinschaftlich unter
dem Namen Shakespeares.

auf diesem Wege limitierend zu lösen. Der größte
Teil der älteren Stücke ist in Heinrich VI. aufgenom=
men, einiges weggelassen, anderes verändert und
hinzugefügt. Nun sollte nach Malones Ansicht
Shakespeares Autorschaft in Rücksicht auf die
beiden letzten Teile Heinrichs VI. nicht weiter
reichen, als die hinzugefügten Bestandteile; daher
Shakespeare nicht als Verfasser dieser Stücke, sondern
nur als deren Bearbeiter gelten könne; die eigent=
lichen Verfasser jener beiden Originalstücke seien
vermutlich George Peele und Robert Greene, viel=
leicht auch keiner von beiden, sondern Christopher
Marlowe.

White, einer der jüngsten Kritiker, der in seiner
Shakespeare=Ausgabe dieser Frage eine besondere
Abhandlung gewidmet hat, steckt die Grenze weiter.
Nach ihm reicht Shakespeares Autorschaft so weit
als die hinzugefügten und aufgenommenen Bestand=
teile. Vergleiche man, was Shakespeare aus den
alten Stücken aufgenommen, mit dem, was er aus=
geschieden habe, so erkenne man sogleich, daß die auf=
genommenen und ausgeschiedenen Bestandteile nicht
zu einander passen. Vergleiche man dagegen das
Aufgenommene mit dem Hinzugefügten, so zeige sich
sogleich, wie beides vollkommen miteinander stimmt,
daher müsse der Verfasser des Aufgenommenen
und der des Hinzugefügten dieselbe Person sein; ist
nun Shakespeare ohne Zweifel der Verfasser des

zweiten, so ist er sicher auch der des ersten. Die beiden letzten Teile Heinrichs VI. sind demnach Shakespeares alleiniges Werk; dagegen können die beiden älteren Stücke nur zum Teil von Shakespeare herrühren, er ist nicht ihr Autor, sondern nur Mitautor; sie seien gemeinschaftlich verfaßt von Marlowe, Greene, Shakespeare und vielleicht Peele[1].

Es gibt Werke, die sich gemeinschaftlich von mehreren fabrizieren lassen, und auch Bühnenstücke können auf solche Weise zurechtgemacht werden. Aber die Dichtung, um die es sich handelt, ist kein solches Fabrikat; sie ist nicht wie ein Geschäft, zu dem einer das Hauptkapital und einige Andere kleinere Zuschüsse leisten, und das nun die Firma „Shakespeare und Kompagnie" führt, bis eines Tages der Hauptkapitalist das Seinige zurückzieht, die Kompagnons auszahlt und das Geschäft nun auf eigene Rechnung von neuem begründet. Die beiden letzten Teile Heinrichs VI. sind im wesentlichen ein Stück, innerlich zusammengehalten durch die Einheit des Gegenstandes, des Planes, der Entwicklung; offenbar nicht zusammengestückelt, sondern aus einem Geiste geboren. Die beiden älteren Stücke verhalten sich zu ihnen, wie Entwürfe von ungleicher, oft skizzenhafter

<hr>

1 The works of Shakespeare by Rich. Gr. White. Vol. VII. (Boston 1863). Essay on the authorship of King Henry the sixth. Pg. 401—486. Vgl. insbesondere Nr. IV. p. 433 und Nr. VII. p. 443.

Ausführung (die so, wie sie uns vorliegen, vielleicht gar nicht zum Drucke bestimmt waren) zu der vollständigen und entwickelten Form. Ich halte deshalb den Schluß für bündig und perfekt, daß der Verfasser der beiden letzten Teile Heinrichs VI. und der Verfasser jener beiden älteren Stücke dieselbe Person ist.

5. Heinrich VI. und Richard III.

Und daß dieser Dichter Shakespeare war: dafür ist unter den inneren Gründen der stärkste Beweis die Charakteristik Richards. Wie Shakespeare die Aufgabe dieser Charakterentwicklung faßte, mußte er über die Anfänge des geschichtlichen Richard hinausgehen und den Krieg der beiden Rosen in der ganzen Ausdehnung von der Schlacht von St. Albans bis zu der von Tewksbury zu einem Hauptfaktor und Lebenselement dieses Charakters machen. Und wie Shakespeare in seinem Richard III. diesen Charakter entwickelt und durchgeführt hat, so ist derselbe in Heinrich VI. angelegt und begründet. Hier ist die innere Übereinstimmung beider Dichtungen so tief und einleuchtend, daß kein Zweifel sein kann: sie sind aus einem und demselben Geiste entsprungen. Ich halte deshalb den Schluß für bündig und perfekt: da Shakespeare ohne allen Zweifel der Dichter Richards III. ist, so kann auch nur er der alleinige Autor der beiden letzten Teile Heinrichs VI. sein, so

können auch nur von ihm allein jene beiden älteren
Stücke herrühren, die weniger als Originale, denn
als (noch) nicht vollständig ausgeführte und ent=
wickelte) Entwürfe zu nehmen sind.

Zugleich ist hier der Punkt, wo jene kritische Frage,
die über die Autorschaft Heinrichs VI. schwebt, un=
mittelbar in unseren Gegenstand eingreift. Ver=
gleichen wir in Rücksicht auf den Charakter Richards
die beiden Dichtungen Richard III. und Heinrich VI.,
so ist die Einheit in diesem Punkte unverkennbar.
Man wird den Charakter Richards kaum völlig ver=
stehen, wenn man ihn bloß aus Richard III. beurteilt
und seine Grundzüge in Heinrich VI. nicht kennt oder
nicht genau beachtet. Aber ich muß hinzufügen, daß
man diesen Charakter auch dann nicht gründlich und
tief genug einsieht, wenn man die Anlage desselben
bloß aus jenen älteren Stücken beurteilt und die Züge
wegläßt, die Shakespeare auf eine wahrhaft bewunde=
rungswürdige Weise in Heinrich VI. hinzugedichtet hat.

Ohne diese Züge bleibt in dem Charakter eine
offenbare Lücke, die ich hervorheben werde. Nur ist
daraus keineswegs zu schließen, daß Shakespeare
bloß diese Züge gebildet habe und im übrigen dem
Charakterbilde der älteren Stücke fremd sei. Im Ge=
genteil, nur die Hand, welche die Lücke gelassen, war
imstande, sie zu füllen; nur sie, die den Charakter ent=
worfen, vermochte jene feinen, aus der Tiefe desselben
geschöpften Züge zu finden und ihm einzuprägen.

V.

Die Rachetragödie als Geschichtstragödie.

1. Das altenglische Trauerspiel.

Wenn wir die Shakespeareschen Historien von Richard II. bis Richard III. mit dem Geist und der Richtung der altenglischen Tragödie vergleichen, die Shakespeare vorfand und selbst in den Anfängen seiner tragischen Kunst nachahmte, so liegt vermöge der ganzen Beschaffenheit ihres Stoffes die zweite Tetralogie dieser Richtung bei weitem näher als die erste. Schon darum war es naturgemäß, daß der Dichter, den die Bühne erzog, aus der vaterländischen Geschichte zuerst den Stoff ergriff, für welchen Phantasie und Bühne am meisten gestimmt waren, und der eben deshalb auch für den Dichter selbst die nächste und mächtigste Anziehungskraft hatte.

Die englische Tragödie vor Shakespeare war darauf angelegt, durch die Furchtbarkeit der Handlung in der sinnlich greifbarsten Form die Zuschauer zu erschüttern; nicht Mitleid und Furcht, sondern Entsetzen und Grauen waren die Leidenschaften, die sie erregen wollte. Sie mußte daher durch die Gräuel

der Handlung wirken; diese ins Unerhörte zu ver=
mehren und zu steigern, galt hier für eine wesentliche
Aufgabe der poetischen Kraft und Erfindung. Den
Typus dieser Tragödie bezeichnet der Name Marlowe.

Nun gibt es eine menschliche Leidenschaft, die unter
allen Motiven grausamer und grauenvoller Hand=
lungen das natürlichste und darum für die dramatische
Darstellung derselben stets das einfachste und wirk=
samste Motiv ist, das einzige, das sich nachempfinden
läßt: die Rache! Und es gibt aus den Anfängen
Shakespeares ein Stück, das von dieser Leidenschaft,
die Greuel auf Greuel häuft, gleichsam trieft: Titus
Andronicus.

Die Rachetragödie selbst findet in der Dichtung
der Alten ihr Urbild in der grandiosesten und furcht=
barsten Form, welche die menschliche Einbildungs=
kraft fassen kann und bei dessen Anblick wir im Ent=
setzen verstummen: das sind die Greuel der Pelopiden,
die Frevel zwischen Atreus und Thyestes, von Haus
zu Haus, von Glied zu Glied bis zum Ägisth und zum
Muttermorde des Orestes. Wie Iphigenie in dem
Goetheschen Gedichte die Taten des Atreus und
Thyestes erzählt, ruft sie aus, überwältigt von dem
grauenvollen Bilde:

> Du wendest schaudernd dein Gesicht, o König!
> So wendete die Sonn' ihr Antlitz weg
> Und ihren Wagen aus dem ew'gen Gleise.
> Dies sind die Ahnherrn deiner Priesterin!

Von diesem mythologischen Vorbilde hat Shakespeare in seinem Titus selbst einige der entsetzlichsten Züge entlehnt, wie das über alle Beschreibung gräßliche Mahl.

2. Der Kampf der Rosen als Rachetragödie.

In der Rachetragödie liegt eine so gewaltige dramatische Kraft und Wirkungsfähigkeit, daß Shakespeare dieses Thema festhält. Er kann mit dem Vorbilde der Alten wetteifern, ohne es nachzuahmen. Die Geschichte seines eigenen Volkes bietet ihm einen Stoff, der in der Großartigkeit der Verhältnisse an den Mythus der Pelopiden erinnert: Geschichte statt Sage! Geschichte, die fast noch Gegenwart ist, nur ein Jahrhundert älter als Shakespeare selbst, statt dunkler vorgeschichtlicher Vergangenheit! Englische Geschichte statt griechischer Mythologie! Was kann einem Dichter, wie Shakespeare, der von Marlowe und der Rachetragödie herkommt, für eine Aufgabe geboten werden, die größer und seinem poetischen Drange gerade in diesem Zeitpunkte seiner Entwicklung wahlverwandter wäre?

Königliche Geschlechter, zwischen denen der Rachegeist entfesselt ist und wie ein Schicksalsfluch sich forterbt und fortwütet von Geschlecht auf Geschlecht! Statt der Pelopiden die Söhne des großen Eduard, statt Atreus und Thyestes die fürstlichen Häuser Lancaster und York: „in Cedernwipfeln nistet uns're Brut und tändelt mit dem Wind und trotzt der Sonne!"

Kein größeres und kein günstigeres Projekt für die Rachetragödie, die sich zur Geschichtstragödie erheben will, als der Kampf der beiden Rosen. Das erste Thema ist Heinrich VI. Nach der Vollendung dieser Dichtung kann Shakespeares nächste Aufgabe nur sein, daß er dieses Thema zu Ende führt und ausdichtet in Richard III.

Es geht ein Zug durch Richard III., der noch an das antike Vorbild erinnert. Die Freveltaten Richards sind in ihm selbst motiviert nur durch die Herrschsucht, denn die Glieder seines eigenen Hauses, die er vernichtet, sind kein Gegenstand seiner Rache. Und doch wird er, so will es die Shakespearesche Dichtung, getrieben durch einen ihm fremden Rachegeist gegen sein eigenes Haus und gegen sich selbst; es ist die Rache der Lancaster, der Rachegeist des vernichteten Geschlechts, der jetzt wie ein vernichtendes Schicksal über den Yorks schwebt und sich im Fluch der Margarete unheilverkündend über sie ausgießt. Richard erfüllt wider seinen Willen den Fluch der Erbfeindin seines Hauses; er erfüllt ihn wie ein Fatum. Und daß er im Augenblicke, wo dieser Fluch seine Spitze gegen ihn richtet, denselben von sich ablenken und auf Margarete zurückschleudern möchte, ist ein Zeichen, daß er ihn fürchtet, wie das schlimme Verhängnis. Das ganze Auftreten Margaretens in

Richard III. ist von Shakespeare rein erfunden; die Erscheinung der unglücklichen, von Verzweiflung rastlos getriebenen Königin hat hier keinen anderen Zweck, als jenen Fluch, in dem die Rache der Lancaster fortlebt und fortwirkt, gleichsam in sich zu verkörpern, ihn auszusprechen und erfüllt werden zu sehen.

Und wie dieser fatalistische Zug an das Schicksal der Alten, an den Fluch im Hause der Atriden, so erinnern die gehäuften Greueltaten Richards III. noch an die altenglische Schauertragödie; doch mit dem unverkennbaren Fortschritte, daß hier die blutigen Taten zum größten Teil das theatralische Aufsehen vermeiden und jenseits der Szene geschehen.

So bezeichnet in dem Entwicklungsgange des Dichters, auf dem Übergange von der Periode der Abhängigkeit und Nachahmung zu der seiner Ursprünglichkeit und Genialität, Richard III. den Höhepunkt der Wendung, wo die Spur der Übergangsform noch nicht völlig vertilgt und doch die Meisterschaft schon mit sicherer Hand ergriffen ist[1].

---

[1] Das Stück wurde 1597 zum erstenmale gedruckt, bei der zweiten Ausgabe im folgenden Jahre wurde zuerst der Name des Dichters genannt; es wurde fünfmal aufgelegt, bevor es in der Gesamtausgabe der Werke Shakespeares (1623) erschien. Der Zeitpunkt der Abfassung ist nicht genau zu bestimmen, wahrscheinlich 1593 oder 1594.

VI.

Richards Bild in der Chronik.

———

Die Charakterumrisse Richards fand Shakespeare
in der Chronik vorgezeichnet. Seine Gemütsart
wird als ein Gemisch großer Fähigkeiten und wilder
selbstsüchtiger Leidenschaften geschildert; er ist heftig,
jähzornig, boshaft, neidisch, vor allem herrschsüchtig
und erfahren in den Künsten der Herrschsucht; ver-
schwenderisch eher als karg, freigebig über seine Kräfte,
daher des Reichtums bedürftig, großmütig im Schen-
ken, gewalttätig im Nehmen, beides für seinen Vor-
teil und aus egoistischer Absicht, aber mit ungleichem
Erfolge, er schadet sich mehr als er gewinnt, die Be-
schenkten sind unsichere und schwankende Freunde,
die Beraubten hartnäckige und gefährliche Feinde.
In seinen Absichten ist er verschlossen und undurch-
dringlich, er verhüllt sie durch die ihm eigene Kunst
einer tiefen Verstellung; nach außen demütig, im
Herzen hochfahrend und stolz, die feindseligste Gesinnung unter der freundlichsten Miene verbergend,
küssend, wenn er zu töten denkt; rücksichtslos in der

Vernichtung gegen jedes Hindernis seiner Herrschsucht; ohne Schonung und Mitleid, wo es die Erreichung seiner Zwecke gilt, grausam mehr aus Herrschsucht als aus Bosheit, um seines Vorteiles willen
bereit jeden zu opfern, gleichviel ob Freund oder
Feind. Dabei ist er scharfen Geistes und voller Mut,
tapfer, kriegerisch gesinnt aus Neigung, nicht bloß ein
Held, sondern ein Feldherr.

Seine äußere Erscheinung ist abschreckend, er ist
klein, verunstaltet, schiefen Wuchses, die linke Schulter
höher als die rechte; die Gesichtszüge sind abstoßend
und rauh, bei Seinesgleichen nennt man einen solchen
Ausdruck kriegerisch, bei gemeinen Leuten mürrisch[1];
in seiner ganzen körperlichen Bildung erscheint er
wie eine Ausnahme von dem Geschlechte der Yorks,
die sich durch männliche Schönheit, persönliche
Liebenswürdigkeit, ritterliche und anmutige Art aus-
zeichnen, wie sein Vater und namentlich sein Bruder
König Eduard. Selbst aus dem mütterlichen Leibe
kam er nicht auf die gewöhnliche Weise zur Welt;
er hatte schon Zähne, wie er geboren wurde, „zum
Zeichen", wie Shakespeare den König Heinrich sagen
läßt, „daß er kam, die Welt zu beißen".

Eine Szene, welche die Chronik erzählt und die
auch Shakespeare in seinem Richard vortrefflich benützt hat, malt uns den unheimlichen Mann in dem

---

[1] — hard fovoured of visage, such as in estates is called
a warlike visage and among common persons a crabbed face.

ausdrucksvollen Moment, wo sein tief versteckter Plan, selbst die Krone zu nehmen, dicht an der Schwelle des Ausbruchs steht und der erste Schlag fällt, der schon den Ausbruch verkündigt. Es ist die Ratsversammlung im Tower, in der es sich um die Krönung des Prinzen handelt, die in den nächsten Tagen stattfinden soll. Diesen Beschluß zu verhindern, muß Richards größte Sorge und eines jener Ziele sein, das er um jeden Preis zu erreichen hat. Er läßt die Versammlung auf sich warten, endlich erscheint er mit der unbefangensten, freundlichsten Miene, höflich grüßend, sich entschuldigend, heute ein Langschläfer gewesen zu sein. Nachdem er mit den anwesenden Lords einige Worte gewechselt, bittet er den Bischof von Ely um eine Schüssel Erdbeeren aus dessen Garten in Holborn. Und als ob ihn die Verhandlung selbst nicht weiter berühre, verläßt er bald darauf den Saal, sich für einige Zeit beurlaubend. Nach einer Stunde kehrt er zurück, ganz verändert, mit allen Zeichen des Zornes, gerunzelter Stirn, drohend zusammengezogenen Brauen, nach seiner Art die Lippe nagend. So nimmt er seinen Platz in der Versammlung und nach einer Weile bricht er aus seinem unheimlichen Schweigen mit der Frage hervor: „was verdienen die, die mich den nächsten Verwandten des Königs, den Protektor des Reichs, verderben wollen?“ Böse Anschläge seien gegen ihn im Werk, die Zauberkünste der Shore, mit der die Königin gegen ihn verschworen sei, hätten seinen Leib verhext, und zum Zeichen der ihm zuge=fügten Übel entblößt er seinen linken dürren Arm. Als nun Lord Hastings, welcher Frau Shore, seine Geliebte, schonen möchte, erklärt, die Angeklagten hätten den Tod verdient, wenn sie schuldig seien, so fährt Richard gegen ihn los: „ich glaube, Du kommst mir mit Wenn und Und!" Ein Schlag der Faust auf den Tisch gibt das Zeichen, auf das eine Schar Bewaffneter in den Saal dringt; Hastings und seine Freunde, Lord Stanley, der Erzbischof von York, der Bischof von Ely und andere werden verhaftet und Hastings sofort zum Tode verurteilt. „Bei St. Paul", schwört Richard, „ich will nicht essen, bis ich seinen Kopf zu meinen Füßen sehe!" Die Versammlung ist betäubt und niedergeworfen, die Gegner der Usurpation sind aus dem Wege geräumt, und die Bahn zur Krone steht offen.

VII.

Richards Charakterbild in Heinrich VI.

───────

1. Richard gegen das Haus Lancaster als Dämon der Rache.

Was hat nun Shakespeare aus jenen Umrissen der Chronik für ein Charakterbild geschaffen? Wir müssen die Grundzüge desselben, gleichsam die Wurzeln des Charakters, in den beiden letzten Teilen Heinrichs VI. aufsuchen und diese gerade in Rücksicht auf die Charakteristik Richards mit den älteren Stücken vergleichen.

In dem Kampfe der Rosen erscheint Richard auf Seiten der Yorks als einer der tapfersten und für die Sache seines Hauses entschlossensten Kämpfer. In der Schlacht bei St. Albans erntet er, so will es die Dichtung, den Preis des Tages; er rettet dreimal dem greisen Salisbury, dem Bundesgenossen seines Vaters, das Leben; er tötet Somerset, den Feind der Yorks, den Parteigänger der Lancaster, den einflußreichsten und mächtigsten Mann am Hofe Heinrichs VI. An der Leiche des erschlagenen Feindes

unterdrückt er eine menschliche Empfindung, die sich
unwillkürlich rührt, und als ob er sich verhärten wolle,
bricht er in die Worte aus, welche das ältere Stück
nicht hat:

> Schwert bleib gestählt, dein Grimm ist, Herz, vonnöten!
> Für Feinde beten Priester, Fürsten töten![1]

Durch den Sieg von St. Albans zwingt York den
König, ihn als Protektor des Reiches und Erben der
Krone anzuerkennen. Der Vertrag wird geschlossen,
York ist auf halbem Wege stehen geblieben; er hätte
sich sofort der Krone bemächtigen, den König ent=
thronen können. Er hätte es gesollt, wäre es nach den
Söhnen gegangen; diese dringen in ihn, den Vertrag
zu brechen. „Ein Jahr zu herrschen", ruft Eduard
aus, „bräch' ich tausend Eide!"[2] Doch macht er den
Vater nicht wankend. Richard bezwingt ihn mit der
Macht seiner Rede; der Eid sei ungiltig, Heinrich
Lancaster habe kein Recht auf die Krone, also auch
keines auf jenen Eid, der ihn als König anerkenne.
Wie eine Sirene, lockt er ihn mit der Krone; er lenkt
nicht bloß den Willen, er bezaubert die Phantasie
seines Vaters. Auch diese für Richard so charakte=
ristischen Worte sind nicht in dem alten Stück:

---

[1] Heinrich VI., 2. Teil., V. 2.
[2] Heinrich VI., 3. Teil, I. 2. In dem alten Stücke heißt
es: but I would breake an hundred othes usw.

> Und bedenkt nur, Vater,
> Welch schönes Ding es ist, die Krone tragen,
> In deren Umkreis ein Elysium ist
> Und was von Heil und Lust die Dichter preisen.

In der nächsten Schlacht bei Wakefield wird York von der Übermacht Margaretens geschlagen. Die Kühnsten weichen, allein Richard hält sie zurück, man hört ihn rufen:

> Eine Krone, sonst ein ruhmvoll Grab!
> Ein Szepter oder eine irdsche Gruft![1]

York wird gefangen genommen und von Clifford und Margarete grausam verhöhnt und getötet. In der Art, wie die Söhne die Todesnachricht empfangen, läßt die Dichtung auf eine sehr bezeichnende Weise den Unterschied zwischen Eduard und Richard hervortreten. Eduard ruft dem Boten zu: „O sprich nicht mehr, ich hörte schon zu viel!" Dagegen Richard: „sag', wie er starb, denn ich will alles hören!"

Und wie sie alles gehört haben, zerfließt Eduard in Schmerz. Richard ist anderer Art; er sagt:

> Ich kann nicht weinen. Alles Naß in mir
> Gnügt kaum, mein lichterlohes Herz zu löschen;
> Auch kann die Zunge nicht mein Herz entlasten;
> Derselbe Hauch, womit sie sprechen sollte,

---

[1] Ebendaselbst 3. Teil. I. 4. York der Vater schildert den Gang der Schlacht und die Tapferkeit der Söhne; er erzählt den Ausruf Richards, der in dem alten Stück nur „Sieg oder Tod" lautet (victory or death).

Schürt Kohlen an, die ganz die Brust durchglühn
Mit Flammen, welche Tränen löschen würden.
Wer weint, vermindert seines Grames Tiefe;
Drum Tränen für die Kinder, Rache mir!
Richard, dein Nam' ist mein, ich will dich rächen,
Wo nicht, so sterb ich rühmlich im Versuch.[1]

Einiges hat Shakespeare dieser ergreifenden Stelle in Heinrich VI. hinzugefügt, um den Ausdruck des Schmerzes ergiebiger und tiefer hervorzuheben, während in dem älteren Stück der Ausdruck der Rache vorwiegt. Unter dem Hinzugefügten sind die Worte, die wir zur Charakteristik Richards nicht vergessen wollen: „Wer weint, vermindert seines Grames Tiefe; drum Tränen für die Kinder, Rache mir!"

Und wie sich Eduard nach dem Tode des Vaters als den Erben nur des Herzogtums betrachtet, entgegnet ihm der höher strebende, von dem väterlichen Vorbild erfüllte Richard:

Nein! Stammst du von dem königlichen Adler,
So zeig es auch durch Schauen in die Sonne.
Statt Herzogtum und Stuhl sag Thron und Reich!
Dein muß dies sein, sonst bist du nicht der Seine.[1]

Die Söhne setzen den Kampf fort. Die nächste Schlacht bei Towton wendet sich zuerst unglücklich; da weint Richard:

---

[1] Heinrich VI. 3. Teil. II. 1.

Ich, der nie weinte, schmelze jetzt im Gram,
Daß unsern Lenz dahin der Winter nahm.[1]

Indessen siegen die Yorks. Richard tötet Clifford, den Mörder seines Vaters und seines Bruders Rutland. Aber seine Rache ist nicht gestillt. Er hat dem grausamen Feinde nicht Gleiches mit Gleichem vergelten, er hat ihn nicht verhöhnen können, bevor er ihn tötete; vor der Leiche Cliffords möchte er mit der linken Hand seine Rechte abhauen, wenn er dafür dem Feinde zwei Stunden Leben erkaufen könnte, um ihn mit Hohn zu quälen, wie dieser seinen Vater gequält hat. In diesen Worten redet der Dämon der Rache[2].

Nach der Schlacht bei Tewksbury erfüllt sich an dem Hause Lancaster die Rache der Yorks in ihrem ganzen Umfange. Die Königin und Prinz Eduard werden gefangen genommen, der Prinz vor den Augen der Mutter durchbohrt; Richard will auch die Königin töten: „warum soll sie die Welt mit Worten füllen?" Nur Eduard hält ihn zurück. Noch lebt König Heinrich gefangen im Tower. Das Geschlecht der Lancaster, die Erbfeinde seines Hauses, müssen vertilgt werden; dieser Gedanke treibt Richard mit unwiderstehlicher Gewalt. Er stürmt vom Schlachtfelde fort nach London:

Clarence, entschuldige mich bei meinen Bruder,
In London gibts ein dringendes Geschäft,
Eh ihr dahin kommt, sollt ihr neues hören!

____

[1] Ebendaselbst. II. 3. — [2] Ebendaselbst. II. 6.

Auf Clarences Frage: „was? was?" ruft er nur
aus, wie Einer, dessen Einbildungskraft von einer
einzigen Vorstellung wie besessen ist: „der Turm,
der Turm!" Die Brüder ahnen, was er vorhat, und
die paar Worte, womit Eduard der Art Richards gedenkt, bezeichnen einen wichtigen Charakterzug, der
in der Beurteilung wie in der Darstellung dieses
Charakters wohl zu beachten ist: „er säumt nicht,
wenn was durch den Kopf ihm fährt!"[1]

Richard eilt in den Tower und tötet den gefangenen König; mitten unter den schlimmen Prophe-
zeiungen, die Heinrich über ihn ausspricht, macht er
ihn stumm; er will sie nicht zu Ende hören, Prophe-
zeiungen und Flüche sind ihm unheimlich.

Jetzt ist die Rache der Yorks an dem Hause Lancaster vollendet, die Vergeltung ist übervoll, sie ist
von Anfang bis zu Ende das Werk Richards: er hat
Somerset bei St. Albans, Clifford bei Towton, den
Prinzen bei Tewksbury, den König im Tower getötet.
Jetzt erscheint er sich selbst wie ein Dämon der Vernichtung, so gewollt von der Natur und vom Schicksal.

An der Leiche König Heinrichs spricht er jene
monologischen Worte über sich aus, die man häufig
als den bündigsten Ausdruck seines Charakters genommen hat:

> Ich habe keinen Bruder, gleiche keinem,
> Und Liebe, die Graubärte göttlich nennen,

---

[1] Heinrich VI. 3. Teil. V. 5.

> Sie wohn' in Menschen, die einander gleichen,
> Und nicht in mir: ich bin ich selbst allein![1]

Ich will gleich hier bemerken, wie diese Stelle nie aufgefaßt werden darf, ohne den Sinn des Dichters völlig zu verderben. Sie ist kein Charakterprogramm, welches Shakespeare von seinem Helden oder dieser von sich selbst entwirft, als ob er sagen wollte: „das ist meine Aufgabe, ich werde bemüht sein, sie so gründlich als möglich zu lösen"; als ob die Worte „ich bin ich selbst allein", gleichsam die Summe seines Systems, der Kern seiner Lebensphilosophie wären. Zu dieser Auffassung paßt dann freilich die eben so weise Bemerkung, wie es möglich sei, daß ein Mensch bei gesundem Verstande und ruhiger Überlegung ein so aberwitziges Wort, wie „ich bin ich selbst allein", aussprechen und sogar zu seinem Lebensgrundsatz machen könne! Hier habe man wieder ein Beispiel der Übertreibung und Unnatur des Dichters, einen jener Fälle, in welchem Shakespeare die Bewunderung keineswegs verdiene, die man verblendeter Weise viel zu freigebig auf ihn gehäuft habe.

---

[1] Heinrich VI. 3. Teil. V. 6. In dem älteren Stücke sagt Richard nicht bloß „ich habe keinen Bruder, gleiche keinem", sondern auch „ich hatte keinen Vater, gleiche keinem (I had no father, I am like no father)". Diese Stelle hat Shakespeare hier weggelassen. Eine sehr bedeutungsvolle Weglassung! (Vgl. unten IX. 2. und 3. S. 71 ff.)

Aber um einen Dichter wie Shakespeare zu verstehen, muß man eine etwas tiefere Menschenkenntnis mitbringen, als sich in solchen Urteilen verrät. Man darf den Ausspruch eines Shakespeareschen Charakters nie nehmen, als ob er unabhängig gelten könne von dem Charakter, dem Augenblick, der Stimmung, die ihn erzeugen. Wenn der Kritiker sich, der mit der Feder in der Hand in aller Gemütsruhe seine Betrachtungen anstellt, zum Maßstabe macht und nun an der eigenen Lage die Worte „ich bin ich selbst allein" gleichsam probiert, so hat er Recht, wenn er den Kopf schüttelt und an Frau und Kinder in der Nebenstube denkt. Wenn aber Richard an der Leiche des eben erschlagenen Königs, blutige Taten hinter sich, blutigere vor sich, wie in einem selbstbetäubenden Triumphe ausruft: „ich bin ich selbst allein!" so gibt es kein Wort in der Welt, das gewaltiger und richtiger sagen könnte, nicht was er ist oder sein möchte, sondern was in diesem Augenblick in seiner Seele vorgeht. Wenn im Sturm die Wellen des Meeres sich bergehoch türmen, so soll man nicht sagen: „welche Unnatur, welche Übertreibung, wir kennen das Wasser auch, sogar das Flußwasser, und wissen, daß es sich nicht so hoch versteigt!" Es gibt in der menschlichen Natur Leidenschaften, welche die Phantasie über das gewöhnliche Maß weit hinaustreiben und, weil sie gegen alles andere taub sein wollen, Vorstellungen bedürfen, die zugleich steigernd und be-

täubend wirken. In solchen Stimmungen ist nichts
richtiger und natürlicher als der sogenannte hyper-
bolische Ausdruck, der aus einer Gemütsbewegung
kommt, die höher steigt, als das gewöhnliche Flußwasser. Ich sollte meinen, etwas der Art müßte
sogar der nüchternste Kritiker trotz der Nebenstube
an sich selbst schon erlebt haben, wenn auch nicht auf
der Höhe des Tragischen. Und nur dem Dichter will
er es nicht einräumen? Nur Shakespeare sollte nicht
wagen dürfen, in einem Falle, der jede Vergleichung
mit dem gewöhnlichen Laufe der Dinge ausschließt,
die Hebung einer ungeheuren betäubenden Leidenschaft beim rechten Namen zu nennen? Wie Coriolan
im Lager der Volsker Mutter, Weib und Kind flehend
vor sich sieht und ihren Bitten sein Herz verschließen
will, ruft er sich wie zur Selbstbetäubung ein Wort
zu, welches jenen Kritikern ebenso bedenklich erscheinen muß und ebenso gewaltig und treffend ist,
als Richards „ich bin ich selbst allein"; er sagt:

> Ich steh, als wär der Mensch sein eigner Schöpfer
> Und kennte keinen Ursprung!

2. Richard gegen das eigene Haus als Dämon der Herrschsucht.

Mit der Vernichtung der Lancaster hat Richard
das Wort eingelöst, das er beim Tode des Vaters wie
ein Gelübde gesprochen: „Drum Tränen für die

Kinder, Rache mir! Richard, dein Nam' ist mein, ich will dich rächen!"

Jetzt wird er (und wie es scheint) plötzlich der Dämon seines eigenen Hauses. Dazu treibt ihn nicht mehr die Rache, sondern nur noch die Herrschsucht. So weit wir bis jetzt den Charakter Richards kennen gelernt, haben wir keinen Zug in ihm gefunden, der sich gegen die Yorks erheben könnte, nicht eine einzige den Seinigen feindliche Regung. Alle seine Leiden= schaften haben nur ein Ziel gehabt: Erhebung seines Hauses, Rache an den Erbfeinden, Sturz der Lancaster. Er geht ganz auf in der Sache der Yorks, es gibt keinen, der sie entschlossener, tapferer, treuer ver= teidigt. Bei der Nachricht vom Tode des Vaters ist der Schmerz Richards weit gewaltiger als Eduards überströmende Empfindung; sein Schmerz ist tränen= los, weil er zu groß ist; aus jedem seiner Worte fühlt man heraus, wie er leidet und wie die Flamme der Rache emporlodert aus der Tiefe des Grames. Nach dem Untergange des Vaters macht er die Sache des Bruders zu der seinigen; er richtet den niedergebeug= ten Eduard auf und ermahnt ihn mit den feurigsten Worten zur Wahrung seiner königlichen Erbrechte. In allen diesen Zügen ist kein Schatten von Heuchelei; in seiner kindlichen Liebe, in seiner brüderlichen Treue zeigt sich zunächst keine im Hinterhalt lauernde feind= liche Absicht.

Wie kommt nun, müssen wir fragen, in diesen der Sache der Yorks völlig ergebenen Charakter eine Leidenschaft, die ihn zum Würgengel seines eigenen Hauses macht? Das richtige Verständnis dieses verborgenen Punktes ist die erste Bedingung zur Einsicht in den Charkter, den Shakespeare in seinem Richard III. entwickelt.

Der Charakter Richards enthält eine Reihe psychologischer Probleme. Dieses ist das erste.

VIII.

Die Lücke in der Charakteristik Richards.
Das Charakterproblem.

In dem älteren Stück, bevor Shakespeare die letzte Hand daran legte, finden wir die Sache zwar ausgesprochen, aber kaum motiviert. Die vernichtende Herrschsucht Richards bricht hier mit einemmale hervor, nicht wie ein Gott, aber wie ein Dämon ex machina.

Ich nehme den Moment, wie ihn das Stück gibt. Durch den Sieg von Towton hat Eduard die Krone gewonnen; der erste Schritt, den er als König tut, widerstreitet aufs äußerste den Interessen seines Hauses, den Forderungen der Yorkschen Politik, der Würde der Krone, sogar der einfachen männlichen Treue gegen sein eigenes Wort. Bestimmbar, unbedacht, leichtsinnig, wie er ist, unterliegt er, der die Last einer Krone tragen soll, dem Reiz eines aufregenden Momentes. Der Eindruck einer schönen Frau ist bei ihm wirksamer und mächtiger, als die Pflichten des Herrschers. Da die Witwe Grey ihm nicht anders gehören will, macht er sie zur Königin

und umgibt so den ersten, kaum erkämpften, schwer
errungenen Thron der Yorks mit einer Sippschaft,
die ihn herabwürdigt; handelt treulos gegen Warwick,
der in seinem Namen um die französische Königs-
tochter wirbt, bewirkt dessen Abfall, beleidigt Frankreich, dessen Freundschaft er gewinnen sollte, und
erschüttert von neuem die eben erst mit Warwicks
Hilfe gegründete Königsherrschaft des Hauses York.
Eine solche Torheit verdient in der Tat keinen Thron.

Richard beobachtet als stiller Zeuge den Liebes-
handel mit der Lady Grey, er sieht mit verbissenem
Ingrimm dem schwachen, pflichtvergessenen, be-
törten Könige zu, macht bei sich eine boshafte Bemerkung nach der andern und läßt, wie er allein ist,
den verhaltenen Strom seiner Empfindungen aus-
brechen:

> Ja, Eduard hält die Weiber wohl in Ehren,
> Wär' er doch aufgezehrt, Mark, Bein und alles,
> Damit kein blühnder Sproß aus seinen Lenden
> Die Hoffnung kreuze meiner goldnen Zeit!
> Doch zwischen meiner Seele Wunsch und mir,
> Ist erst des üpp'gen Eduards Recht begraben,
> Steht Clarence, Heinrich und sein Sohn Prinz Eduard
> Samt ihrer Leiber ungehofften Erben,
> Um einzutreten, eh' ich Platz gewinne,
> Ein schlimmer Vorbedacht für meinen Zweck!
>
> Was kann die Welt für Freude sonst verleihn?
> Mit munterm Anputz schmück ich meinen Leib,
> Ich such in einer Schönen Schoß den Himmel,

Bezaubre holde Frau'n mit Wort und Blick.
O schnöder Wahn, nur den Gedanken hegen!
Schwor Liebe mich doch ab im Mutterschoß,
Und daß ihr sanft Gesetz für mich nicht gelte,
Bestach sie die gebrechliche Natur,
Dem Rücken einen neid'schen Berg zu türmen,
Wo Häßlichkeit, den Körper höhnend, sitzt,
Den Arm mir zu verdorrn, wie welken Strauch,
Die Beine von ungleichem Maß zu formen,
Und bin ich also wohl ein Mann zum lieben?
Viel leichter, zwanzig Kronen zu gewinnen!

Kann ich doch lächeln und im Lächeln morden
Und rufen schön! zu dem, was tief mich kränkt.

Ich leihe Farben dem Chamäleon,
Verwandle mehr als Proteus mich und nehme
Den kühnen Catilina in die Lehr',
Und kann ich das und keine Kron' erringen?
Ha! noch so hoch, ich will herab sie zwingen![1]

So lautet in dem älteren Stücke dieser bedeutungsvolle Monolog, der zur Charakteristik Richards ohne
Zweifel eine der wichtigsten Stellen bildet. Er hat
unter Shakespeares nachbessernder Hand zwar die
früheren Züge sämtlich beibehalten, aber durch die

[1] Vgl. Heinrich VI. 3. Teil. III. 2. Die obigen Lücken bezeichnen die Stellen des Monologes, die in dem älteren Stücke
nicht stehen. Für die Verse 5—9 habe ich die spätere Form
aus Heinrich VI. beibehalten, weil sie dem Leser bekannt ist
und in Vergleichung mit der älteren Form zwar einen Vers
mehr enthält, aber dem Gehalte nach völlig mit ihr über-
einstimmt.

Hinzufügung von etwa vierzig Zeilen erst den Reichtum der Empfindung und die Tiefe der Leidenschaft
gewonnen, die dem Dämon der Herrschsucht Leben
und Seele einhauchen. Wie dieser Monolog aus der
letzten Hand Shakespeares hervorgegangen ist, bildet
er in der Tat den Schlüssel zum Verständnisse
Richards III. In der alten Form ist er nur der Ausdruck einer nackten Herrschsucht, die sich im Vollbesitze
aller Herrscherkünste fühlt und in Richard nicht etwa
durch die Torheiten Eduards erst ins Leben gerufen
wird, sondern bei dieser Gelegenheit als eine schon
völlig ausgemachte und fertige Gesinnung hervor-
bricht, ohne Zusammenhang mit den vorhergehen-
den Charakterzügen, ohne daß die Quelle, aus der
sie im Innern Richards entspringt, einleuchtet.

Hier ist in dem Charakterzusammenhange Richards
die offenbare Lücke. Diese auszufüllen durch Hinzufügung feiner, für den flüchtigen Blick kaum bemerk-
barer, für die menschenkundige Einsicht unerschöpf-
lich tiefer und erleuchtender Züge, war Shakespeares
Aufgabe und bewunderungswürdige Leistung, als er
die letzte Hand an das alte Stück legte.

IX.

Die Lösung des Problems. Die Wurzel des Charakters.

------

1. Richards Vater.

Blicken wir zurück auf den Ursprung Richards. Seit Menschenaltern trachtet das Haus York, aus dem er hervorgeht, nach der Krone Englands, als deren rechtmäßige Erben es sich betrachtet. Sein Großvater hat einen Versuch gegen Heinrich V. mit dem Leben eingebüßt, sein Vater lebt nur im Ringen nach diesem einzigen Ziele. Gleich im Anfange des zweiten Teiles Heinrichs VI. läßt Shakespeare den Vater Richards seine innersten Gedanken in einem Monologe aussprechen, in welchem die leidenschaftliche Herrschbegierde den Strom ihrer Worte weit feuriger und beredter ergießt als in dem Selbstgespräche des älteren Stückes:

> Mich dünkt, die Reiche England, Frankreich, Irland
> Sind so verwebt mit meinem Fleisch und Blut,
> Als der verhängnisvolle Brand Althäens
> Mit jenes Prinzen Herz zu Calydon.
> Es kommt ein Tag, wo York das Seine heischt.

Drum will ich die Partei der Nevils nehmen
Und, wenn ich Zeit erseh, die Krone fordern.
Denn nach der goldnen Scheibe ziel ich nur[1].

Wie er den Kriegsbefehl nach Irland bekommt
und ein Heer in seine Hand gegeben sieht, ergreift ihn
schon die Nähe des Zieles:

Wie Frühlingsschauer strömen die Gedanken
Und kein Gedanke, der nicht Würde denkt.
Mein Hirn, geschäft'ger als die fleiß'ge Spinne,
Webt mühsam Schlingen zu der Feinde Fang.
Gut, Edle, gut, Ihr tut politisch dran,
Mit einem Heer mich auf die Seit' zu schicken.
Ich sorg, ihr wärmt nur die erstorbne Schlange,
Die euch, gehegt am Busen, stechen wird.
Ich brauchte Menschen, und ihr gebt sie mir,
Das nehm ich gut: doch seid gewiß, ihr gebt
In eines Tollen Hände scharfe Waffen.
Weil ich ein mächtig Heer in Irland nähre,
Will ich in England starken Sturm erregen,
Der an zehntausend Seelen schleudern soll
Zu Himmel oder Höll, und der soll toben,
Bis auf dem Haupte mir der goldne Reif
So wie der hehren Sonne klare Strahlen,
Die Wut des tollerzeugten Wirbels stillt[2].

In diesen Worten malt sich seine Leidenschaft, die
mit der Gewalt einer Manie nach der Herrschaft
ringt, ein fieberhafter Durst nach der Krone, der die

---

[1] Heinrich VI. 2. Teil. I. 1. — [2] Ebendaselbst 2. Teil.
III. 1.

ganze Phantasie in Glut setzt und unwiderstehlich
nach jenem einzigen Ziele hintreibt. So läßt auch an
dieser Stelle Shakespeare erst in Heinrich VI. den
Vater Richards sprechen.

2. Vater und Sohn.

Dieser Geist des Vaters ist das Erbteil des Sohnes;
keiner der Söhne ist dem Vater innerlich so verwandt,
so ähnlich gestimmt im Grundton der Seele, als
Richard. Daher hat auch dieser den stärksten Einfluß
auf den Vater und bringt ihn dazu, was Eduard um-
sonst zu bewirken sucht, den Vertrag mit dem Könige
zu brechen. Wenn Richard zu ihm sagt: „Und bedenkt
nur, Vater, welch schönes Ding es ist, die Krone
tragen, in deren Umkreis ein Elysium ist und was
von Heil und Lust nur Dichter preisen", — so hört
York in diesen Worten die Stimme des eigenen Dämons, und darum trifft und überwältigt Richards
Rede sein Herz. „Genug", erwiedert er dem Sohne,
„ich werde König oder sterbe!"

Das Trachten nach der Krone ist in den Yorks
mit der Zeit eine eingelebte, gewohnte, heimische
Empfindung, eine Art Familiengenius geworden,
der an Stärke zunimmt und in den Söhnen Yorks
mächtiger wirkt als im Vater. Der alte York scheut
den Meineid, Eduard fürchtet ihn nicht, wenn es die
Krone gilt: „ein Jahr zu herrschen, bräch' ich tausend
Eide!" Richard fürchtet ihn nicht und versteht zu-

gleich die Kunst, den Eid aus dem väterlichen Gewissen wegzureden.

3. Forterbung der Herrschsucht.

Es ist eine bekannte Erfahrung, daß, von der Zeitströmung begünstigt und getrieben, gewisse Anlagen und Fähigkeiten sich dergestalt in die menschliche Natur einleben, daß sie in Geschlechtern und Familien erblich werden und durch Forterbung, die zugleich eine immer erneute Übung, ein immer verjüngter Kampf um das Ziel ist, ihre Kraft bis zu einem höchsten Maße steigern. Auch die Leidenschaften sind Fähigkeiten, denn sie geben dem Willen Richtung und Stärke. In den Yorks ist der Wille zum Herrschen und die Sucht nach der Krone ein durch Menschenalter genährter, von den Traditionen des Hauses getragener, mit den ersten Eindrücken der Kindheit empfangener Familiensinn, der sich in der Forterbung gesteigert und in Richard III. den höchsten Grad der Leidenschaft und Fähigkeit erreicht hat. In ihm ist dieser Drang mit einer solchen Stärke, mit einer solchen ausschließenden und allein wirksamen Gewalt angelegt und mächtig, daß er schon durch diese Überfälle ins abnorme gerät und eine monstrose Form annimmt, die alles Ebenmaß aufhebt. Richard erscheint wie eine Ausnahme seines Geschlechtes und ist doch im tiefsten Grunde dessen eigentlicher Genius oder Dämon. Hier hat die Herrschsucht eine Willens-

ftärke und eine Geisteskraft gewonnen, die sich zu den
übrigen Yorks vor und mit ihm verhält wie das
Meisterstück zum Versuch. Sind die forterbenden
und in der Forterbung sich steigernden Leidenschaften
gleichsam Experimente der Natur, die jeden neuen
Gewinn wieder zum Einsatze macht, bis sie nach so
vielen „quittez double!" endlich „va banque!" ruft
und alles gewinnt, — so hat in dem Geschlechte der
Yorks die sich verdoppelnde Herrschsucht in Richard
ihren Zielpunkt erreicht, wo sie alles einsetzt für alles.
Er fühlt in sich den gesteigerten Geist seines Vaters;
der Vater fühlt die Übermacht dieses Sohnes; es ist
ein geheimes Band der Sympathie zwischen beiden,
und dieselbe Leidenschaft, die später furchtbar ausbricht und gegen das eigene Haus wütet, erscheint
in ihrem ersten Aufkeimen als ein tiefes, von dem
väterlichen Vorbilde ergriffenes und ihm völlig hin-
gegebenes Gefühl. Dieser Richard konnte unmöglich
mehr sagen, was noch das ältere Stück ihm in den
Mund legt: „ich habe keinen Vater, gleiche keinem!"[1]

4. Richards Herrschsucht.

Der Monolog in Heinrich VI.

Doch hat in Richard die Herrschsucht, eben weil
sie in der höchsten Potenz wirksam ist, ein ganz anderes
ursprüngliches Gepräge als in seinem Vater und

---

[1] Vgl. oben S. 60, Anmerkung.

Bruder: sie inspiriert ihn, wie eine mit der Macht
des Schicksals ihm eingepflanzte Empfindung; sie
ist verwebt mit den frühesten Eindrücken und Er-
innerungen seiner Kindheit, die Krone liegt in seiner
Phantasie wie das Land seiner Sehnsucht, sie lockt
ihn wie seine „Heimat", sie ist ihm wie „die freie
Luft", die er atmet. Und so unwiderstehlich, wie in
ihm diese Empfindung ist, so unwiderstehlich ist
durch diese Empfindung er selbst; sie gibt seiner Rede
das hinreißende Feuer und die siegreiche Kraft,
seinem Willen die überwältigende Macht, die alle
Hindernisse aus dem Wege schleudert und betäubend,
bannend, bezaubernd auf die wirkt, die er ergreifen
und sich zu eigen machen will. Selbst seine körperliche
Häßlichkeit fühlt er im geheimen Bunde mit seiner
Leidenschaft, als ob die Natur selbst in seiner äußeren
Bildung ihn auf die Bahn der Herrschsucht habe hin-
weisen wollen, als den einzigen Lebenszweck, für den
er gemacht sei.

Diese Züge, die uns die Herrschsucht Richards ent-
sprungen zeigen aus dem tiefsten Grunde seiner
Natur, aus der Wurzel seines Daseins, machen jene
Lücke in dem Charakter verschwinden, die wir früher
bemerkt haben. Und eben diese Züge sind es, die
Shakespeare mit seiner wunderbaren Kunst in jenen
Monolog hineingedichtet hat, der in dem älteren
Stücke zuerst den Grundzug der Herrschsucht in dem
Charakter Richards enthüllt.

Wie er auf die Hindernisse hinblickt, die zwischen ihm und der Krone stehen, auf alle jene Zwischenglieder, die eintreten bevor er Platz gewinnt, läßt Shakespeare ihn jetzt sagen:

> So träum ich also nur von Oberherrschaft,
> Wie wer auf einem Vorgebirge steht
> Und späht ein fernes gern erreichtes Ufer
> Und wünscht, sein Fuß käm' seinem Auge gleich;
> Er schilt die See, die ihn von dorten trennt,
> Ausschöpfen will er sie, den Weg zu bahnen;
> So wünsch ich auch die Krone, so weit ab,
> Und schelte so, was mich von ihr entfernt,
> Und sag, ich will die Hindernisse tilgen,
> Mir selber schmeichelnd mit Unmöglichkeiten,
> Mein Auge blickt, mein Herz wähnt allzu kühn,
> Kann Hand und Kraft nicht ihnen gleich es tun.

Seine Mißgestalt steigert sich ihm jetzt ins Monstrose:

> Gleich wie ein Chaos oder Bärenjunges,
> Das, ungeleckt, der Mutter Spur nicht trägt.

In dieser monstrosen Form sieht er die Weisung des Schicksals. Er ist nicht bestimmt für den üppigen und flachen Lebensgenuß, für ihn gibt es in der Welt nur einen einzigen Lebensinhalt: herrschen! Auf dieses Ziel wollte die Natur seine Seele richten, als sie seinen Körper abschreckend machte für den Lebensgenuß:

Weil denn die Erde keine Lust mir beut,
Als herrschen, meistern, andre unterjochen,
Die besser von Gestalt sind, als ich selbst;
So sei's mein Himmel, von der Krone träumen
Und diese Welt für Hölle nur zu achten,
Bis auf dem mißgeschaffenen Rumpf mein Kopf
Glorreich umzirkelt ist mit einer Krone![1]

Und nun der volle ungehemmte Ausdruck seiner Empfindung: diese aus dem Innersten seiner Seele hervorströmenden Bilder, die uns sagen, was ihm die Krone ist und wie er leidet unter dem Drange, der ihn übermächtig mit sich fortreißt nach diesem Ziele. In dem älteren Monologe sehen wir ihn nur mit dem heimlich gezückten Dolch; hier dagegen die Arme ausgebreitet nach dem einzigen Wesen, welches er liebt:

Doch weiß ich nicht, wie ich die Kron erlange,
Denn manches Leben trennt mich von der Heimat.
Und ich, wie ein im dorn'gen Wald Verirrter,
Die Dornen reißend und davon gerissen,
Der einen Weg sucht und vom Wege schweift
Und weiß nicht, wie zur freien Luft zu kommen,
Allein verzweifelt ringt, hindurchzudringen —
So martr' ich mich, die Krone zu erhaschen

---

[1] Man hört den Vater Richards reden: —
„Bis auf dem Haupte mir der goldne Reif,
So wie der hehren Sonne klare Strahlen,
Die Wut des toll erzeugten Wirbels stillt."
(Vgl. oben Seite 70).

Und will von dieser Marter mich befrein
Wo nicht, den Weg mit blut'ger Art mir haun.

Unwiderstehlich, wie seine Leidenschaft
für ihn, ist er selbst durch seine Leidenschaft:
das ist ein großes Geheimnis seines Charakters! Dieser Macht ist er sich bewußt, er fühlt,
daß seine Fähigkeit zu herrschen eben so groß ist als
seine Begierde, daß sein Wille zur Herrschaft ausge-
gerüstet ist mit allen Talenten geborener Herrscherkunst:

[Kann ich doch lächeln und im Lächeln morden
Und rufen schön! zu dem, was tief mich kränkt],[1]

Die Wangen netzen mit erzwungnen Tränen
Und mein Gesicht zu jedem Anlaß passen.
Ich will mehr Schiffer als die Nix ersäufen,
Mehr Gaffer töten als der Basilisk;
Ich will den Redner gut wie Nestor spielen,
Verschmitzter täuschen als Ulyß gekonnt
Und Sinon gleich ein zweites Troja nehmen.

[Ich leihe Farben dem Chamäleon,
Verwandle mehr wie Proteus mich und nehme
Den mörderischen Macchiavell in Lehr[2],
Und kann ich das und keine Kron erringen?
Ha! noch so fern, will ich herab sie zwingen.]

------

[1] Diese Worte sind schon in dem älteren Monolog. (Siehe
oben S. 67).

[2] Eine beiläufige Bemerkung: An die Stelle des „kühnen
Catilina" in dem alten Stück hat Shakespeare hier den „mörde-

So dachte Shakespeare seinen Richard. Aus diesen Grundbedingungen entwickelt sich der Charakter Richards III. in allen seinen Zügen, und es ist darunter nicht einer, der in Wahrheit verständlich wäre ohne die Einsicht in diese Wurzel des ganzen Charakters.

rischen Macchiavell" treten lassen. Offenbar mit voller Absicht. Die Vergleichung mit Catilina paßt nicht in den Geist dieser Stelle, in welcher Richard das Bewußtsein seiner geborenen Herrscherkunst und die Sicherheit ihrer Erfolge ausspricht. Für den Erfolg wäre der Name Catilina kein gutes Omen. Hier ist Macchiavelli bei weitem besser am Platz. Richard könnte ein Vorbild sein für den „principe" des großen italienischen Staatsmannes; bei ihm könnte ein Macchiavelli in die Schule gehen! So gut wußte Shakespeare, was er zur Charakteristik Richards mit diesem Namen an dieser Stelle wollte, aus der man häufig nichts weiter herausgefunden hat als den Anachronismus zum Beweise des unwissenden Shakespeare.

Zweiter Abschnitt

Entwicklung des Charakters

Richard III.

X.

Richards Selbstbetäubung.

1. Die Selbstbeherrschung.

Nachdem die Anlage und Grundform des Charakters erhellt ist, läßt sich das Bild Richards III., wie
es die Shakespearesche Dichtung gibt, von Innen
heraus entwickeln. Die erste Charakterbedingung,
von welcher die übrigen abhängen, besteht darin, daß
die Leidenschaft zu herrschen vor allem in ihm selbst
herrscht, daß er von dieser einen Leidenschaft völlig
durchdrungen ist, daß sie alle seine Kräfte erfüllt, alle
seine Eigenschaften anzieht und in Besitz nimmt,
alle Gaben und Mängel seiner Natur in ihre Organe
und Mittel verwandelt. In diesen einen Punkt
konzentriert sich die ganze Individualität. Von hier
aus entfalten sich ihre Züge.

Was zwischen ihm und dem Ziele seiner Leidenschaft die Bahn hemmt, sind äußere Hindernisse, was
in ihm selbst dieser Leidenschaft entgegenwirkt, sind
die inneren Gegengewichte der Empfindung und des
Gewissens. Aber seine Herrschsucht überwältigt ihn
selbst und darum auch alles, was in seiner Natur sich

dagegen rührt. Diese inneren Hindernisse sollen nicht sein, sie werden durch die Gewalt seiner Leidenschaft zu Boden geschlagen, tonlos und stumm gemacht.

Es ist sehr leicht, in diesem Punkte den Charakter falsch zu beurteilen; es ist sehr leicht und ebenso falsch zu meinen, daß in seiner Natur jene inneren Hindernisse vollkommen fehlen, daß seiner Seele Empfindungen solcher Art gänzlich fremd und er selbst gemütlich und moralisch zu roh und unfähig sei, um sie zu haben. Vielmehr ist es sein Wille, sie nicht zu haben; es ist sein Wille, sie los zu sein, weil sie ihn hindern. Wenn er ihnen Hohn spricht, so ist dieser Hohn wie ein Triumph über den in Staub geworfenen Feind. Er hat sich gegen sie geharnischt, er hat sich gegen jeden Laut von dieser Seite betäubt, er ist von Natur nicht dagegen taub, er macht sich dazu. Diese Selbstbetäubung ist ein Ausdruck seiner Selbstbeherrschung und mit dieser so notwendig verbunden, daß mit der Kraft der einen auch die der anderen sowohl steigt als abnimmt: gerade in dieser Verknüpfung hängt wie in seinen Fugen Richards Charakter und Schicksal. Daß er es in der Beherrschung aller Motive, die seiner Leidenschaft innerlich entgegenwirken, bis zur Selbstbetäubung gebracht hat, gibt ihm den Schwung und treibt ihn schnell auf die Höhe des Zieles; daß mit der Selbstbetäubung, sobald sie nachzulassen beginnt, auch seine Selbstbeherrschung

ihre Kraft verliert, macht ihn fallen und stürzt ihn
ebenso schnell von der Höhe herab in den Abgrund.

2. Die Gewissensbetäubung.

Er kennt sich selbst so gut und weiß, wie es inner=
lich in ihm aussieht; er ist gegen sich ganz wahr und
bemäntelt keine seiner Empfindungen vor sich selbst.
Doch wäre es ihm so leicht, sich bessere Motive einzu=
reden, als er hat; er könnte so leicht einen patriotischen
Schein annehmen, als ob es ihm nicht um seine Per=
son, sondern um die Sache zu tun wäre. Seine
Brüder sind wirklich schwach, sie sind bei weitem un=
fähiger zu herrschen als er; vielmehr ist er der allein
Fähige, der allein Kraftvolle und Feste. Eduard ist
leichtsinnig und töricht, Clarence ist schwankend und
bestimmbar; erst als Schwiegersohn Warwicks fällt
er ab von der Sache Eduards, dann als Bruder
Eduards fällt er ab von der Sache Warwicks; Richard
allein steht unbeugsam und unerschütterlich. Er
könnte mit allem Scheine der Wahrheit sagen: „die
Unfähigkeit meiner Brüder, die Größe meines Hauses
das Wohl Englands machen es notwendig, daß ich
herrsche.“ Er sagt es nie, so sehr er jene brüderlichen
Unfähigkeiten kennt und verachtet; er ist darüber
ganz unverblendet, daß nichts anderes ihn treibt als
seine persönliche Herrschsucht.

Wer mit einer solchen Selbstkenntnis gewissenlos
handelt, der ist wenigstens nicht aus Unfähigkeit ge=

wissenlos. Wissen, was für ein Mensch man ist, ist schon Gewissen. Sind doch die meisten Menschen durch ihre Eitelkeit viel zu schwach und verblendet, um zu wissen, wie es mit ihnen steht und was für Motive selbstsüchtiger Art sie wirklich bewegen.

Dieses Gewissen hat Richard. Er sieht sich, wie er ist, aber diese Einsicht ändert, hindert, quält ihn nicht; sein Gewissen macht keine Gegenwirkung, er will so sein, wie er ist, denn er ist in die Gewalt der einen Leidenschaft gegeben, die ihn vollkommen beherrscht; er ist mit dieser Leidenschaft so eines in seinem innersten Selbst, daß in demselben Maße, als er von ihr beherrscht wird, er sich selbst beherrscht.

So lange diese Kraft der Selbstbeherrschung vorhält und Richard seiner selbst vollkommen mächtig bleibt, ist er gepanzert gegen jeden moralischen Anfall. Aber lassen wir diese gewaltsame Anspannung sich lockern, diese Kraft der Selbstbeherrschung weichen und von ihm genommen werden, wie sie von jedem weicht im Schlaf, so machen sich die unterdrückten Geister Luft, jene gewaltsam beherrschten Gegengewichte brechen hervor und beginnen zu wirken. In jenem fürchterlichen Traume vor der Schlacht von Bosworth (dessen auch die Chronik erwähnt) läßt Shakespeare Richards Gewissen über ihn kommen, wie eine Hölle. Wer kein Gewissen hat, der kann es auch so nicht träumen. Dasselbe Gewissen, das er

einst mit jenem triumphierenden Ausdrucke grandioser
Selbstsucht betäubte:

> Und Liebe, die Graubärte göttlich nennen,
> Sie wohn' in Menschen, die einander gleichen,
> Und nicht in mir: ich bin ich selbst allein!

läßt ihn jetzt ausrufen:

> Schuldig! Schuldig!
> Ich muß verzweifeln. — Kein Geschöpfe liebt mich,
> Und sterb' ich, wird sich keine Seel erbarmen.
> Ja warum solltens andre? Find ich selbst
> In mir doch kein Erbarmen mit mir selbst.[1]

Und es ist in dieser letzten Nacht seines Lebens nicht
zum erstenmale, daß er so träumt. „Denn niemals",
sagt sein eigenes Weib, „genoß ich noch den goldenen
Tau des Schlafs, daß seine bangen Träume mich
nicht schreckten."

Wenn das Gewissen ihm völlig fremd wäre, er
könnte sich nicht so durchschauen und vor dem eigenen
Bilde verzweifeln; wenn die Liebe ihm völlig fremd
wäre, er könnte die eigene Selbstsucht nicht so ver-
dammen. Aber es ist etwas in ihm, vor dem er selbst
kein Erbarmen findet, keines finden will. Und wie
er sich aus dem Traume ermannt hat und wieder
ganz er selbst ist in dem Vollgefühle seiner Leiden-

---

[1] Richard III. V. 3.

schaft, läßt er, sich betäubend, das Gewissen zurück-
fallen in seine Nichtigkeit:

Gewissen ist ein Wort für Feige nur!

3. Die Gemütsbetäubung.

Auch die natürlichen Gefühle der Liebe und des
Mitleids sind ihm keineswegs von Natur verschlossen,
sie sind unterjocht und unter die Füße seiner Herrschsucht geworfen. Wer so feurig und tief wie Richard
für seinen Vater empfindet, der kennt die Macht teil-
nehmender Gemütsbewegungen, den Schmerz und
des Grames Tiefe, und wenn er mitleidslos handelt,
so geschieht es wenigstens nicht aus Unfähigkeit der
Empfindung.

Liebe und Mitleid sind im Wege seiner Herrschsucht
Hindernisse, die er aus dem Wege schleudert, wie
eine fortstürmende Naturgewalt; er darf sich mit
ihnen nicht aufhalten, sie nicht einen Augenblick lang
wirken lassen. Was ihm entgegensteht, muß fallen;
er macht nicht erst Erwägungen, die ihn stören könn-
ten, „er säumt nicht, wenn was durch den Kopf ihm
fährt." Es liegt in seiner Art und in der Natur seiner
Leidenschaft, jäh und blitzartig zu handeln, schnell
zu vernichten, was vernichtet werden muß, und die
Hindernisse, die er aus dem Wege wirft, im Übrigen
für wertlose Dinge zu nehmen. Er handelt so, daß
jedes Mitleid zu spät kommen muß. Zugleich er-

drückt er jedes widerstrebende Gefühl mit einer leicht=
fertigen und herzlosen Wendung, die das Entsetzliche
frivol nimmt und wie einen Witz behandelt. Dieser
wegwerfende Witz, dieser vernichtende Spott, dieses
blitzschnelle Handeln bildet einen charakteristischen
Zug seiner Selbstbetäubung.

Von dem Tode seines Bruders Clarence, den er
ins Verderben stürzt, braucht er die Worte:

Eh George mit Extrapost gen Himmel fährt!

Daß die gedungenen Mörder roh und ohne Mit=
leid sind, ist ihm lieb, in diesen Leuten ist nichts, das
erst zu betäuben wäre:

Ihr weint Mühlsteine, wie die Narren Tränen,
Ich hab euch gerne, Bursche, frisch ans Werk!

Wie Buckingham ihn fragt, was geschehen solle,
wenn Hastings in der Königsfrage sich schwierig zeige,
antwortet Richard sofort ohne jedes Bedenken:

Den Kopf ihm abhaun, Freund, es muß geschehn!

Von den Söhnen seines Bruders sagt er zu
Buckingham:

Die Buben wünsch ich tot
Und wollt, es würde schleunig ausgeführt.

Dem Mörder Tyrrel bezeichnet er die Opfer mit
den Worten:

Ich mein im Turm die Baſtardbuben.

Von den Ermordeten ſagt er:

Im Schoße Abrahams ruhen Eduards Söhne.

Von Anna, ſeinem ermordeten Weibe:

Und Anna ſagte gute Nacht der Welt.

Wie ſeine Mutter und die Witwe ſeines Bruders die Erſchlagenen von ihm fordern, läßt er die Trom= meln rühren:

Der Himmel höre nicht die Schnickſchnack=Weiber!

Und ſeinen Gegner Richmond, der ihn ſtürzen will, verkleinert er ſich zu einer erbärmlichen Figur, auf die er ſo geringſchätzend als möglich herabſieht: „der flache Richmond!"[1]

---

[1] Vgl. Richard III. Akt I. 1, I. 3, III. 1, IV. 2, IV. 3, IV. 4, V. 3.

XI.

Richards Häßlichkeit im Bunde mit seiner Herrschsucht.

---

1. Falsche Auffassung.

Alle moralischen Bedingungen seiner Natur liegen im Bann seiner Herrschsucht; die körperlichen Mängel und Gebrechen, die ihn verunstalten, verwandelt sie in ihre Motive. Ich habe diesen Punkt schon vorübergehend berührt und muß jetzt um so genauer auf ihn zurückkommen, weil gerade hier eine Menge Mißverständnisse die Auffassung und Darstellung des Charakters verderben.

Seitdem Schiller einige Züge Richards in seinem Franz Moor hat nachahmen wollen, ist man in Deutschland leicht verführt, den Shakespeareschen Helden nach jenem Schillerschen Bösewichte zu beurteilen. Dieser Maßstab ist falsch und zwar von Grund aus. Als Schiller seine Räuber schrieb, hatte er noch kein Verständnis Shakespeares. Franz Moor ist, was Richard gar nicht ist: ein improvisierter, abstrakter, aus Räsonnement gemachter Bösewicht.

Wenn gar keine treibenden Bedingungen vorhanden sind, die in der menschlichen Natur die verderblichen Leidenschaften groß ziehen und ungemeine Frevel daraus erzeugen, — in Franz Moor sind keine vorhanden, in Richard sind es sogar geschichtlich wirksame Mächte der größten Art, — da muß man die Beweggründe zu einer außergewöhnlichen Bosheit zuletzt im Spiegel suchen und um der Nase willen ein Bösewicht werden. Wenn man Franz Moor reden hört, sollte man meinen, daß eine wohlgeformte Nase die erste Bedingung der Moral ist, daß die hübschen Leute eine Versuchung zum Bösen weniger und einen Grad im Guten voraus haben, man könnte ihnen bei dem moralischen Rigorosum die Arbeiten erlassen. Danach zu urteilen wäre Richard bei besserem Wuchs ein tugendhafter Mann geworden; so ungefähr kommt die Sache heraus, wenn man meint, er sei erbost über seine Häßlichkeit und komme erst dadurch auf den Einfall, sich als Bösewicht zu versuchen. Ich stoße hier auf den zweiten Hauptpunkt, in welchem ein gründliches Mißverständnis ebenso den Dichter verkennt, als den Charakter seines Richard.

2. Der Humor der Häßlichkeit.

Man denke sich einen Augenblick in die Seele Richards, um die Empfindungsweise zu verstehen, womit er seine Häßlichkeit ansieht. Ihm ist alles willkommen, das ihn ganz und ungeteilt seiner Leiden-

schaft hingibt, alles, das ihm die Entbehrung der ge=
selligen Freuden und der heiteren Lebensgenüsse
erleichtert, alles, wodurch das Eine in ihm gesteigert
wird, worin sein Schwerpunkt ruht: das Selbst=
gefühl seiner geistigen Herrscherkraft. Es ist keine
Kunst, wenn man die äußeren Gaben persönlicher
Liebenswürdigkeit besitzt, den Menschen zu gefallen;
aber es ist eine große Kunst, wenn man jene Gaben
gar nicht, vielmehr das Gegenteil davon besitzt, die
Menschen zu beherrschen. Wer das vermag, der
braucht mit der Natur, die ihn häßlich gemacht hat,
nicht zu zanken und sich über sein Spiegelbild zu
ärgern, vielmehr hat er allen Grund, doppelt zu
triumphieren.

In dieser Lage ist Richard. Seine körperlichen
Mängel sind ein Motiv mehr, blos seinem innersten
Zwecke zu leben, und ein Grund mehr, sein Kraft=
gefühl zu steigern. Daher weidet er sich förmlich
an dem Bewußtsein seiner Häßlichkeit, ergötzt sich an
seinen körperlichen Gebrechen, betrachtet dieselben
mit einer Art groteskem Humor.

Aber, wendet man ein, er entschuldigt doch gleich=
sam seine Herrschsucht und deren entsetzliche Folgen
mit diesem Motiv, das die Natur ihm aufgedrungen,
mit dieser Verunstaltung seines Körpers, die ihm
keinen anderen Lebenszweck übrig gelassen. Keinen
anderen als welchen? Das bescheidene Bißchen, das
ihm übrig bleibt und das er sich noch gönnt, ist die

Krone Englands! Meint man wirklich, daß er im Ernste die Waage hält, in der einen Schale die Hof- bälle, in der anderen die Krone? Daß er im Ernste die Krone als faute de mieux betrachtet? Daß es ihm wirklich mit dieser Art der Entschuldigung Ernst ist?

Er entschuldigt überhaupt nicht seine Herrsch- sucht; diese Leidenschaft ist er selbst, sie ist sein ganzes Wesen; er entschuldigt sich nicht, daß er existiert. Er will nicht sagen: „ich hätte gern alles anders gewollt, aber die Natur, da sie mich schuf und verunstaltete, wollte nicht anders!" Vielmehr was er meint und sagt, ist gerade das Gegenteil: „das einzige Projekt, das ich habe, eben dasselbe hatte mit mir die Natur, da sie mich machte!" Er empfindet den Zug nach der Herrschsucht, der ihn treibt, als eine Naturmacht, die nicht wider Willen ihn bewegt, sondern eines ist mit diesem. Diese Empfindung geht auch wie ein fatali- stischer Zug durch seine Seele.

Daher der Humor, womit er seine körperlichen Mängel betrachtet; und wie es die Weise des Humors ist, er übertreibt und vergrößert diese Mängel bis zum Zerrbilde, er macht sich mit einer Art Wohlge- fallen zum Monstrum. Seine Feinde, die ihn ver- wünschen, tun dasselbe aus Haß. Der Schauspieler, der es wagt einen Richard zu geben, sollte wohl über- legen, wie viel von der Mißgestalt Richards auf die Rechnung des Humors oder des Hasses kommt, die sie übertreiben; er sollte nicht meinen, daß er die erste

Bedingung seiner Aufgabe erfüllt habe, wenn er als richtiges Scheusal auf der Bühne erscheint.

3. Der Triumph der Häßlichkeit. Häßlichkeit und Bosheit.

Wer so wie Richard den Krieg um seiner Furchtbarkeit willen liebt als das Element, in dem er sich wohl fühlt, den können die Friedenständeleien mit ihren amüsanten Festen nicht locken, wenn er auch alle körperlichen Anlagen dafür besäße. Wenn ich die ersten Worte in dem Anfangsmonolog Richards III. lese, so ist es mir, als ob ich den Krieg selbst höre; er grollt noch in diesen Worten, wie ein verhallendes Gewitter:

> Nun zieren unsre Brauen Siegeskränze,
> Die schart'gen Waffen hängen als Trophän;
> Aus rauhem Feldlärm wurden muntre Feste,
> Aus furchtbarn Märschen holde Tanzmusiken,
> Der grimm'ge Krieg hat seine Stirn entrunzelt
> Und statt zu reiten das geharn'schte Roß
> Und drohnder Gegner Seelen zu erschrecken,
> Hüpft er behend in einer Dame Zimmer
> Nach üppigem Gefallen einer Laute.

Man meint doch nicht, daß Richard am liebsten mithüpfen und den Troubadour spielen möchte? Seine ganze Natur sträubt sich gegen den eitlen und flachen Friedenston, und es trifft sich gut, daß seine körperlichen Beschaffenheiten mit dieser Natur in vollem Einklange sind. Sein eigenes Aussehen schilbert er, als ob es gemacht wäre, um „brohnder Gegner Seelen zu erschrecken."

> Doch ich zu Possenspielen nicht gemacht,
> Noch um zu buhlen mit verliebten Spiegeln,
> Ich roh geprägt, entblößt von Liebesmajestät,
> Vor leicht sich drehnden Nymphen mich zu brüsten;
> Ich, um dies schöne Ebenmaß verkürzt,
> Von der Natur um Bildung falsch betrogen,
> Entstellt, verwahrlost, vor der Zeit gesandt
> In diese Welt des Athmens, halb kaum fertig
> Gemacht und zwar so lahm und ungeziemend,
> Daß Hunde bellen, hink ich wo vorbei,
> Ich nun in dieser schlaffen Friedenszeit
> Weiß keine Lust, die Zeit mir zu vertreiben,
> Als meinen Schatten in der Sonne spähn
> Und meine eigne Mißgestalt erörtern;
> Und darum, weil ich nicht als ein Verliebter
> Kann kürzen diese fein beredten Tage,
> Bin ich gewillt, ein Bösewicht zu werden
> Und Feind der eitlen Freuden dieser Tage.

Die Gestalt, die er schilbert, ist wie der Wegweiser für die furchtbare Bahn, die er sich vornimmt. Mit dieser Bahn ist er völlig im Reinen, lange bevor am Hofe seines Bruders die lustigen Feste gefeiert werden, die ihm so langweilig und so widerlich sind.

Wir wissen daher, wie wir jene Worte zu nehmen haben, die er hinwirft wie eine Alternative: „entweder ein Verliebter oder ein Bösewicht! Da ich das erste nicht sein kann, will ich das zweite werden."

Sicherlich nicht, als ob er im Ernste an diesem Scheide=
weg stände, als ob er mit schwerem Nachdruck und
in der Empörung über seine körperlichen Mängel
diesen Entschluß faßte oder gar als gründlicher Mann
in diesen Worten sein Lebensprogramm aufstellte,
das er dann bis aufs Pünktchen erfüllt. Der eine
will dieses, der andere jenes, er will Bösewicht wer=
den, und verfährt in der Wahl dieses Berufes so syste=
matisch als möglich: erst die Gründe, dann der Ent=
schluß, nachher die Ausführung, die nicht gründlicher
und methodischer sein kann; in der Tat eine muster=
hafte Übereinstimmung zwischen Theorie und Praxis!
Das nennt man einen Charakter, der erst sein eigenes
Modell macht und es dann in Fleisch und Blut ver=
körpert! Nur daß in Wahrheit die wirklichen Cha=
raktere niemals so zustande kommen, um so weniger,
je gewaltiger sie sind; sie modellieren sich nicht, son=
dern entwickeln sich. Was auf diese Weise gemacht
wird, sind die rethorischen Fehlgeburten kraftloser
dramatischer Poeten, die wir in Überfülle haben.
Shakespeares Charaktere sind nach der Natur, die
ihre Geheimnisse nicht so ausplaudert, daß in einem
einzelnen abgerissenen Wort der Charakter gleichsam
eingefangen und mit der Nadel des Kritikers
aufgespießt werden kann. So leicht fängt man
Richard III. nicht, er steckt weder in dem Wort „ich
bin ich selbst allein", noch in dem „darum bin ich
gewillt, ein Bösewicht zu werden".

Er spielt mit seiner Häßlichkeit und übertreibt sie in wildem Humor; er spielt mit seiner Einsamkeit an dem brüderlichen Hofe, an dem sich alle Welt amüsiert, und ergötzt sich an seinem Unvermögen, mit den Tändlern ein Tändler zu sein. Und wenn er in die Worte ausbricht: „darum bin ich gewillt ein Bösewicht zu werden", so ist das ein Witz, eine frivole Wendung seiner Art; er spricht diese Worte nicht mit dem Akzent eines wichtigen, eben gereiften Entschlusses, sondern mit jener furchtbaren Leichtfertigkeit, wie wenn er sagt: „eh George mit Extrapost gen Himmel fährt!"

Ich habe immer gefunden, daß die meisten Schauspieler, darunter solche, die in dieser Rolle einen unverdienten Ruf haben, den Charakter schon in der ersten Szene völlig vergreifen. Schon in seiner äußeren Erscheinung pflegt ein solcher Bühnenrichard auszusehen, nicht gerade „um drohnder Gegner Seelen zu erschrecken", sondern eher, „daß Hunde bellen, hinkt er wo vorbei"; dann werden die Worte, in denen Richard seine körperliche Mißgestalt schildert, mit einer Wut und einem Grimm ausgestoßen, daß man den Eindruck empfängt, er erbose sich selbst über die Vogelscheuche, die er ist, und zuletzt werden die Worte „darum bin ich gewillt ein Bösewicht zu werden" wie ein trotziger Entschluß ausgesprochen, als ob er der bösen Stiefmutter Natur nun auch seinerseits einen Streich spielen wolle.

Es ist eine oft gemachte Erfahrung, daß gewisse

körperliche Gebrechen, die auffallender Art sind und den Spott anderer hervorrufen, eine gleiche Gegenwaffe mit sich führen, indem sie das natürliche Wohlwollen mindern und eine malitiöse Stimmung, ein Talent zur Bosheit in dem Gemüt Wurzel schlagen lassen. Nun, dieses Talent hat Richard gewiß, Dank seinem Körper! Andere zu kränken, wird ihm leicht; der wegwerfende Witz, der in seinem Munde furchtbar ist, steht ihm zu Gebot, Dank jenem Talente! Er hat es nicht bloß, er hat es auch nötig, es ist eine gute Mitgift für die vernichtende, frevelvolle Bahn, die er einschlägt; es ist ein günstiger voller Luftzug in die Segel seiner Leidenschaft. Diese boshafte Gemütsart ist im völligen Einklange mit seinem Körper und seiner Seele und gleichsam das Band, welches beide zu gegenseitiger Eintracht verbindet.

Und er sollte sich noch über seine Häßlichkeit ärgern? Es sei denn, daß dieser Ärger ihm gleichsam zum Wetzsteine dient, an dem er die boshaften Empfindungen schärft und die weichen abstumpft. Er verdankt dieser Häßlichkeit ein Motiv mehr zu seiner Herrschsucht, einen Triumph mehr für das Selbstgefühl seiner Herrscherkraft und ein Talent mehr zur Erfüllung seines Zweckes. Ich meine, dieser Körper hat allen Anspruch auf seine Gunst, und er kann in der besten Laune ausrufen:

> Komm holde Sonn als Spiegel mir zu Statten
> Und zeige, wenn ich geh, mir meinen Schatten!

XII.

Richards Proteusnatur.

——

1. Die Herrschsucht als Proteus.

In dem ganzen Gebiete seiner Natur ist kein
Faktor, der nicht in der Gewalt oder im Dienste
seiner Leidenschaft wäre; was sich dagegen rührt, ist
betäubt, alle wachen und wirksamen Kräfte sind von
ihr erfüllt und getrieben, alles in ihm wirkt und lebt
nur aus einem Motiv und für ein Ziel. Er ist, was
seine Leidenschaft will, daß er ist. Alle Formen,
welche die Herrschsucht fordert und eingeht, sind ihm
völlig gerecht, sie sind die Werkzeuge seiner Leidenschaft, zu denen er sich verhält, wie der Virtuose zum
Instrument.

Diese Ziele, welche Richard verfolgt, sind nur zu
erreichen, wenn er sie zu verbergen und sich einen
Schein zu geben weiß, hinter dem niemand solche
Ziele sucht. Wer dem Rechte zuwider nach der Gewalt strebt, muß die Kunst der Täuschung besitzen und
die undurchsichtige Hülle des Scheines, wie es die
Umstände fordern, in jedem Augenblick anlegen und
wechseln können.

> Ich will den Redner gut wie Nestor spielen,
> Verschmitzter täuschen, wie Ulyß gekonnt,
> Und Sinon gleich ein zweites Troja nehmen,
> Ich leihe Farben dem Chamäleon,
> Verwandle mehr wie Proteus mich!

Dieser Proteuscharakter Richards bietet unserer Betrachtung ein schwieriges und zugleich überaus anziehendes psychologisches Problem, zu dessen richtiger Lösung man sich klar machen muß, wie in dem Proteusspiele Richards Natur und Kunst ihre Leistungen mischen und teilen.

2. Die Verstellung als Frucht der Selbstbeherrschung.

Menschen von gewaltigen Affekten, ungestümem Naturell, leidenschaftlich wilder Gemütsart, sind für die Verstellungskunst ein schwieriger und widerstrebender Stoff. Wenn solche Naturen vollendete Heuchler werden, so haben sie sich dazu durch die Kraft der Selbstbeherrschung erzogen und ihre ursprünglich spröde und hartnäckige Art biegsam und empfänglich gemacht für jede Form, die sie ihr geben wollen. Je unbändiger die Natur, um so gewaltiger die Kraft der Selbstbeherrschung, durch die sie gezähmt und völlig dienstbar gemacht wird. In der Schilderung, die Richards eigene Mutter von seinem Leben entwirft, ist der letzte und späteste Zug der des Heuchlers; diese Kunst erscheint als die reifste Frucht seiner Entwicklung:

Eine schwere Bürde war mir die Geburt;
Launisch und eigensinnig Deine Kindheit,
Die Schulzeit schreckhaft, heillos, wild und wütig;
Dein Jugendlenz verwegen, dreist und tollkühn,
Dein reiferes Alter stolz, fein, schlau und blutig,
Zwar milder, aber schlimmer, sanft im Haß.[1]

---

[1] Richard III. Akt IV. 4.

XIII.

Die heuchlerische Proteusnatur.

Der unechte und echte Schein.

Es gibt einen ordinären Typus der Heuchelei,
die niedrigste und darum auch häufigste Form der=
selben, der man in der Welt auf Schritt und Tritt be=
gegnet: die wirklichen Empfindungen werden ver=
steckt und die entgegengesetzten zur Schau getragen,
die eigennützigen Interessen im Herzen und die ge=
meinnützigen Zwecke auf den Lippen! Man zeigt
nicht das eigene Gesicht, sondern trägt die Larve, die
nur solche täuschen kann, die Larve und Gesicht nicht
zu unterscheiden vermögen. So täuscht der Janhagel
den Janhagel. Sind es die Züge der Frömmigkeit,
die zur Larve gemacht werden, so nennt man einen
solchen Larventräger Tartüffe; der Name paßt auf
alle, die mit einem unechten Scheine betrügen, und
das menschliche Leben in jeder seiner Formen
wimmelt von solchen Larventrägern, die auf dem
politischen Gebiete noch weit zahlreicher sind als auf
dem religiösen.

Nichts paßt zu der Natur eines Richard weniger
als die Rolle eines Tartüffe. Shakespeare läßt ihn

dieselbe besonders in der Szene mit den Bischöfen spielen, wo er sich vor der angebotenen Krone in den Schein frommer Betrachtungen verhüllt und tut, als ob ihm nichts ferner liege als der Wunsch sie zu haben. Hier ist seine Täuschung auf den Janhagel berechnet und daher plump, so plump als möglich; es ist eine zwischen ihm und Buckingham verabredete Szene, eine grobe Farce der Verstellung, die man kaum noch ein Spiel der Heuchelei nennen kann, denn die wirkliche Heuchelei hat keinen Mitwisser. Die Szene selbst hat Shakespeare nicht erfunden, sondern sie lag ihm vorgezeichnet in der Chronik.

Nur in den wenigsten Fällen benutzt Richard die Larve; die eigentliche Kunst seiner Heuchelei ist bei weitem tiefer, sie ist Gesicht, nicht Maske. Sie besteht darin, daß er sich hinter seiner eigenen Natur verbirgt und, wie es die Umstände fordern, gerade die Seite derselben hervorkehrt, die seine wahre Gesinnung am tiefsten verdeckt und den Schein der entgegengesetzten unter dem Eindrucke der Naturwahrheit erzeugt. Er braucht wahre Empfindungen, die er hat, zum Deckmantel anderer wahrer Empfindungen, die er verbirgt. Er heuchelte vollkommen, während er so wenig als möglich lügt. Wer in seiner Natur bleibt, macht am wenigsten den Eindruck, als ob er täuschen wolle; und die einfache, rauhe, unbeugsame, von wilden Leidenschaften beherrschte Natur macht am wenigsten den Eindruck, als ob sie täuschen könne. Und gerade mit diesen Zügen seiner Natur täuscht Richard am meisten; in sie verhüllt er, so oft er kann, seine wahre Gesinnung. Es gibt eine Heuchelei, deren Schein echt und die deshalb bei weitem unsichtbarer, bei weitem täuschender ist als die Tartüfferie. Um den Pöbel zu betrügen, ein Tartüffe; um einen Othello zu täuschen, ein Jago!

Die verderblichen Pläne, die Richard gegen seinen Bruder Clarence im Schilde führt, verbirgt er diesem weniger hinter Versicherungen brüderlicher Liebe, als er vielmehr die Schuld auf die Königin und deren Sippschaft wirft und sich hinter den Hohn und die Verachtung versteckt, die er in Wahrheit gegen die Mißheirat des Königs und die neue Verwandtschaft empfindet. Der Haß gegen die Königin und deren Genossenschaft ist wie eine Wolke, in die er sich verhüllt und vor dem arglosen Clarence seine schlimmen Gedanken gleichsam untertauchen läßt. Mit diesem Haß ist er in seiner echten Empfindung, er spricht zu Clarence mit seinem wahren Gesichte, und das furchtbare Spiel, das er mit ihm treibt, täuscht auf die natürlichste Weise.

> So gehts, wenn Weiber einen Mann regieren!
> 's ist Eduard nicht, der in den Turm euch schickt,
> Mylady Grey, sein Weib, Clarence, nur sie
> Reizt ihn zu diesem harten Äußersten.
> Wir sind nicht sicher, Clarence, sind nicht sicher.[1]

---

[1] Richard III. Akt I. 1.

Am Hofe selbst will er den Verdacht nicht dulden, als ob er die Königin und ihre Verwandten hasse und als ob die Versöhnung, welche der König wünscht, nötig wäre. Aber er versteckt sich nicht hinter Beteuerungen der Liebe, er nimmt keine Maske vor, sondern bleibt in seiner Natur, deren rauhe Einfachheit ihn unfähig mache zu schmeicheln und sich gefällig zu zeigen.

> Weil ich nicht schmeicheln und beschwatzen kann,
> Zulachen, streicheln, hintergehen und kriechen,
> Fuchsschwänzend, wie ein Franzmann und ein Aff',
> So hält man mich für einen häm'schen Feind.
> Kann denn ein schlichter Mann nicht harmlos leben?[1]

Wie ihn die Königin nach der Ursache seines Grolls frägt, gibt er nicht etwa die Versicherung des Gegenteils, sondern eine beißende, höhnend verletzende Antwort, die ein Pasquill ist auf die Parvenüwirtschaft am Hofe:

> Ich weiß es nicht — die Welt ist so verderbt,
> Zaunkön'ge hausen, wo's kein Adler wagt.
> Seit jeder Hans zum Edelmanne ward,
> So wurde mancher edle Mann zum Hans.

Die Warnung Margaretens: „wer hochsteht, den kann mancher Windstoß treffen", wirft er als guten Rat dem Sohne der Königin hin, und wie dieser ihm den Rat zurückgibt, antwortet er mit dem Unter-

---

[1] Ebendaselbst I. 3.

schiebe zwischen dem Marquis von Dorset und ihm, dem Herzoge von Gloster, dem Sohne Yorks:

> Doch ich bin hochgeboren!
> In Zedernwipfeln nistet unsre Brut
> Und tändelt mit dem Wind und trotzt der Sonne!

So verbirgt er die feindseligen und verderblichen Pläne, die er im Stillen gegen die Königin und deren Sippe hegt, durch lauter echte unverstellte Züge seiner Natur: die rauhe unhöfische Art, den zornigen Affekt, die beleidigende Verachtung, den beißenden Witz, den hochfahrenden Stolz. Er spricht so offen und unverhohlen, daß man nicht meint, es könne noch Schlimmeres im Hintergrunde lauern.

Mit einer ganz anderen Miene, als ob er innerlich verwandelt wäre, tritt Richard in den Kreis des Königs nach Clarences Ermordung. Er war es, der jene Verdächtigungen angezettelt, die den argwöhnischen und leichtgläubigen König zur Verhaftung und Verurteilung des Bruders bewogen haben. Doch hat der zur Versöhnung gestimmte König schon das Todesurteil widerrufen und die Begnadigung des Bruders ausgesprochen; indessen hat Richard, damit seine Pläne nicht gekreuzt werden, die blutige Tat schnell vollstrecken lassen. Jetzt kommt er, um den König, der Clarence befreit glaubt, mit der plötzlichen Botschaft, daß er tot sei, zu Boden zu schmettern. Der kranke Eduard soll der Wucht dieser Blutschuld

erliegen, und die Verwandten der Königin als die
eigentlichen Anstifter gelten.

In Richards Hand ist Clarences Tod ein Mittel,
wodurch er drei Zwecke zugleich erreicht: er schafft
sich den älteren Bruder, der dem Throne näher steht,
aus dem Wege, läßt die Blutschuld auf das Gewissen
des Königs fallen, der unter dieser Last zusammen-
bricht, und wirft die Mitschuld auf die Verwandten
der Königin, die seine verhaßtesten und gefährlichsten
Gegner sind.

Der erste Zweck ist mit der Ermordung erreicht.
Er wird den zweiten erreichen, indem er den König
und dessen Umgebung mit der Nachricht von Clarences
Tode jählings erschreckt. Je größer der Schrecken des
Königs, um so tötlicher; je größer der Schrecken der
anderen, um so deutlicher die Zeichen ihrer Schuld.
Er kommt mit der schlimmsten Absicht und mit der
Aussicht auf den sichersten Erfolg; sein ganzes Auftreten ist darauf berechnet, diese Absicht zu verbergen.
Je näher das Ziel, um so freundlicher ist seine Miene;
je sicherer das Opfer, um so weniger hat er Grund zu
zorniger Aufregung. Die ganze Szene ist das Seiten-
stück zu den Worten des Monologes: „kann ich doch
lächeln und im Lächeln morden!"

Da der König und seine Günstlinge als die allein
Schuldigen erscheinen sollen, so gibt er sich die Miene,
als ob er den Tod Clarences für eine in diesem Kreise
völlig bekannte Tatsache halte. Wie nun von der

Begnadigung das erste Wort fällt, tut er, als ob man
ihn täuschen und verhöhnen wolle. Alle Welt wisse
ja, daß der edle Herzog tot sei. Gerade in diesem Zusammenhange macht die Nachricht die erschreckende
und erschütternde Wirkung, die in seinem Plane liegt.
Dieser Wirkung ist er gewiß, denn er weiß sehr wohl,
daß Eduard den Bruder begnadigt hat und daher
auf keine Nachricht weniger vorbereitet ist, als auf
die von Clarences Tode![1] Darum wird ihm auch
nichts leichter als das Spiel der Verstellung in dieser
Szene; er spielt es mit dem Behagen eines Mannes,
der seinen Gewinn schon in voller Sicherheit hat.
Der Ausdruck der Ehrerbietung, womit er vor dem
Königspaar erscheint, die Miene der Versöhnlichkeit
und Sanftmut, die er nach allen Seiten hin an den
Tag legt, jedem seine Liebe bietend, sein Wohlwollen
beteuernd: dieses ganze Gebahren ist bei seinen offen
ausgesprochenen Gesinnungen, die jeder in diesem
Kreise kennt, kaum eine auf Täuschung berechnete
Heuchelei zu nennen, die er sich abnötigt; vielmehr
ist hier die heuchlerische Form der stärkste Ausdruck
der Tücke und des Hohnes, dieser echten Empfindun-

---

[1] Richard III. Akt II. 1. Auf Eduards Frage: „starb
Clarence? der Befehl war widerrufen". antwortet Richard:

> Der Arme starb auf euer erst Geheiß,
> Und das trug ein geflügelter Merkur.
> Ein lahmer Bote trug den Widerruf,
> Der allzuspät, ihn zu begraben, kam.

gen in ihm; seiner Opfer gewiß, macht er sich einen wahren Genuß daraus, sie in dem Augenblicke zu streicheln, wo er sie schon unter dem Messer hat. Wie der König, verzweifelt und gebrochen, sich wegführen läßt, ruft er ihm nach:

> Das ist die Frucht des Jähzorns! Gabt ihr Acht,
> Wie bleich der Kön'gin schuldge Anverwandte
> Aussahn, da sie von Clarences Tode hörten?
> O immer setzten sie dem König zu!
> Gott wird es rächen!

Der Tod des Königs macht Richard zum Protektor; es ist nur noch ein Schritt zwischen ihm und der Krone. Charakteristisch ist der Moment, wie er, um mit dem Schein einer frommen Sitte seine Regentschaft zu beginnen, den mütterlichen Segen erbittet und empfängt. Er ist gerade das Gegenteil von dem, was die Mutter wünscht, daß er sei; er ist das vergrößerte und ins Monstrose ausgeartete Ebenbild der Herrschsucht seines Vaters, das völlige Gegenteil der sanften, aller Herrschsucht und allem Herrschergeiste fremden Gemütsart der Mutter. Zwischen ihm und dem Vater war eine natürliche Sympathie, zwischen ihm und der Mutter ist eine unwillkürliche gegenseitige Abneigung. Diesen Widerstreit beider zeichnet Shakespeare mit wenigen Worten in der Segensszene. Was ihm die Mutter anwünscht, ist so gegen seine Natur, daß er sich der heuchlerischen Form, womit er den Segen empfängt, sofort ironisch

entledigt und durch die fromme Maske seine wahre
Sinnesart durchblitzen läßt.   Auf die mütterlichen
Worte:

> Gott segne dich und flöße Milde dir,
> Gehorsam, Lieb und echte Treu ins Herz!

antwortet er mit einem Spott auf diese Tugenden,
die für ihn, der nichts davon hat und haben will, eben
so viele Schwächen sind:

> Amen!
> Und laß als guten alten Mann mich sterben!
> (bei Seite)   Das ist das Hauptziel eines Muttersegens,
> Mich wundert, daß Ihr Gnaden das vergaß.

XIV

Die dämonische Proteusnatur.

Das Spiel als Wahrheit.

Ich habe die Proteusnatur Richards in zwei Formen charakterisiert. In beiden täuscht er, indem er seine wahren Gesinnungen verbirgt und den Schein annimmt, als ob er sie nicht habe; er verbirgt sie entweder hinter den Schein von Empfindungen, die er gar nicht hat, die er blos vorgibt, wie überall, wo er den Tartüffe spielt: das ist die Kunst des unechten Scheines, die ordinäre Heuchelei; oder er verbirgt sie hinter Empfindungen, die er wirklich hat, und verdeckt die eine Seite seiner Natur mit der anderen: das ist die Kunst des echten Scheines, die auch solche täuschen kann, die jeden Tartüffe durchschauen.

Es gibt eine dritte Form der Proteusart, in welcher Natur und Kunst zusammenwirken, und die von diesen beiden Faktoren keiner für sich allein zu bewirken vermag: sie besteht darin, daß man Empfindungen, die man eigentlich nicht hat, sich wirklich gibt, daß man durch eine Bewegung der Phantasie sich dieselben einflößt und das Gemüt momentan damit durchdringt und gleichsam inspiriert, so daß jene Empfindungen, so wenig sie aus der natürlichen Verfassung des Gemütes hervorgehen, doch für den Augenblick wirklich in ihm erlebt werden. Es ist die Kunst großer und seltener Schauspieler, die das Bild, das sie uns vorstellen, von innen heraus beleben und den Charakter, den sie spielen, dergestalt in sich empfinden, daß sie wirklich sind, was sie vorstellen, was wir uns einbilden, daß sie sind. Wo im Schauspieler die Verstellung anfängt, da läuft die Grenze, die hier zwei sehr verschiedene Geschlechter von einander sondert: den seltenen Künstler von der Legion der Komödianten. Wer wird von einem großen Schauspieler sagen, daß er sich verstelle oder daß er heuchle? Und doch ist das Bild, das er in sich verkörpert und das uns mit der Macht der Naturwahrheit ergreift, ein bloßes Spiel! Um aber einen Charakter so spielen zu können, daß wir den Schauspieler darüber vergessen, muß der Künstler mit dem schaffenden Feuer seiner Phantasie das Bild des Charakters dergestalt in seinem Gemüt beleben und verdichten, daß er sich selbst darüber vergißt und momentan in die fremde Empfindung vollkommen eingeht.

Und nun nehmen wir Richard, in dem die Leidenschaft der Herrschsucht alle Gegenwirkungen des Gemütes und des Gewissens völlig niedergeschlagen und betäubt, alle Mängel und Gebrechen in ihre Motive und Talente, alle Talente und Gaben seiner

Natur in ihre Organe verwandelt hat: diese Leiden=
schaft herrscht in ihm mit völliger Alleingewalt, un=
widerstehlich für ihn selbst, um so unwiderstehlicher
für andere, die schwächer sind als er, und es gibt auf
seinem Schauplatze keinen, der stärker wäre. So
wirkt seine Leidenschaft mit der Macht einer fort=
reißenden, packenden Naturgewalt: sie wirkt dä=
monisch. Seine Phantasie ist offen für jeden
Hauch, womit diese Leidenschaft sie durchdringt,
fruchtbar für jeden Keim, den sie von hier aus empfängt
und sogleich geschäftig in ihrem Schoße entwickelt,
und wie es ihr „Himmel ist, von der Krone zu träu=
men," so kommt ihr von diesem Himmel allein Licht
und Wärme, von dieser Quelle allein der zündende
und schaffende Funken; sein Gemüt ist unter dem
Banne dieser so gestimmten und inspirierten Phan=
tasie und das völlig nachgibige, völlig beherrschte
Instrument, das in jede ihrer Formen und jedes ihrer
Themata einstimmt. Wenn es die Zwecke seiner
Herrschsucht fordern, daß er einen Liebhaber aus sich
macht, um das Herz einer Frau zu erobern, so wird
sich in ihm der Dämon der Herrschsucht auf einen
Augenblick in den Dämon der Liebe verwandeln und
das Feuer dieser Empfindung in seinen Augen leuch=
ten und in seinen Pulsen schlagen lassen.

Dieser Proteus=Richard ist ein vollendeter Schau=
spieler, der seine Rolle nicht erst zu studieren braucht,
weil er sie in jedem Augenblicke selbst dichtet. Um so

mächtiger ist die Wirkung dieser dämonischen Natur. Wie sie in ihm selbst keine widerstrebende Empfindung und Überlegung aufkommen läßt, so wirkt sie auf andere hinreißend, bannend, bestrickend, jetzt mit dem Blick des Basilisken, jetzt mit dem Ton der Sirene:

> Ich will mehr Schiffer als die Nix ersäufen,
> Mehr Gaffer töten als der Basilisk!

XV.

Die Werbung um Anna[1].

—

1. Die „tiefversteckten Zwecke“ Richards.

Dieses Wort des Monologs erfüllt sich in Richards Werbung um Anna. Hier hat uns der Dichter zeigen wollen, über welche Macht der Täuschung, über welche bestrickenden Geister der Phantasie dieser Mensch gebietet.

Anna ist die Tochter Warwicks, die Witwe des Prinzen Eduard, des Sohnes Heinrichs VI. Richard will sie zum Weibe haben, „aus Liebe nicht sowohl, als anderer tiefversteckter Zwecke halb“. Die Dichtung sagt nicht ausdrücklich, welche Zwecke es sind. Aber welchen „tiefversteckten“ Zweck könnte Richard noch haben außer dem einen, der sein Lebenszweck und sein verborgenster Plan ist? Die Heirat mit Anna liegt in seiner Absicht auf die Krone Englands; nicht als ob er dadurch der Krone näher käme, denn die Erbansprüche des Lancasterschen Hauses kann er auf diesem Wege nicht gewinnen, noch überhaupt ge-

---

[1] Richard III. I, 2.

winnen wollen, da sie ihm selbst nichts gelten. Es ist nicht die Erreichung des Zieles, sondern, als ob es schon erreicht wäre, die Befestigung desselben, die er mit dem Heiratsprojekt im Sinne hat. Er denkt bei der Krone, die er nehmen, schon an die Königin, die er dem Lande geben will; im Gegensatz zu seinem Bruder Eduard läßt sich Richard nur durch Gründe der Politik in seiner Wahl bestimmen. Die Tochter Warwicks paßt besser zur Königin Englands, als die Tochter Woodewilles, die Witwe des letzten königlichen Lancaster besser als die Witwe Grey. Eduard hatte durch seine Heirat sich mit Warwick, dem mächtigsten Bundesgenossen seines Vaters, entzweit und den Thron der Yorks dadurch schwer erschüttert. Diesen Thron zu befestigen, die Freunde Warwicks, die Häupter des alten Adels, selbst die Anhänger der Lancaster für sich zu gewinnen oder wenigstens gegen sich zu entwaffnen, kann Richard nichts Besseres tun, als Anna Warwick, zugleich eine der reichsten Erbinnen Englands, zu seinem Weibe machen. Wenn es daher ganz im Plane Richards liegt, an eine Heirat zu denken, so gibt es keine, die aus so vielen Gründen ihm geratener und klüger scheinen könnte, als diese Verbindung; sie ist ein wichtiges Glied in der Kette seiner Berechnungen, der nächste Schritt, nachdem er die Krone erreicht haben wird: an diesen Ort in der Reihenfolge seiner Ziele setzt Richard selbst den Plan der Heirat:

Und wenn mein tiefer Plan mir nicht mißlingt,
Hat Clarence weiter keinen Tag zu leben.
Dann nehme Gott in Gnaden König Eduard
Und lasse mir die Welt zu hausen drin,
Denn dann heirat ich Warwicks jüngste Tochter.
Ermordet' ich schon ihren Mann und Vater,
Der schnellste Weg, der Dirne gnug zu tun,
Ist, daß ich selber werd ihr Mann und Vater.
Das will ich denn, aus Liebe nicht sowohl,
Als andrer tiefversteckter Zwecke halb,
Die diese Heirat mir erreichen muß.[1]

2. Der Zweck des Dichters.

Annas Vater ist in der Schlacht gegen Richard gefallen; dieser hat ihren Gemahl bei Tewksbury und dessen Vater im Tower getötet. Keinen Mann auf der Welt haßt sie leidenschaftlicher, die Gründe ihres Hasses sind die schärfsten, sie flucht ihm aus ganzer Seele, und es gibt keinen Moment, der alle diese Empfindungen, worin Schmerz, Rache und Haß ihre Fluten mischen, gewaltiger aufregen und entfesseln könnte, als in welchem der Dichter sie einführt: sie steht am Sarge des ermordeten Königs, im Angesichte des blutigen Leichnams, den sie zu Grabe geleitet. Das ist der Augenblick, in welchem Richard an sie herantritt, in der Absicht, ihr Herz zu gewinnen.

Wie oft habe ich sagen hören, diese Szene sei unmöglich; hier, wenn irgendwo, habe Shakespeare die Grenzen der menschlichen Natur überschritten

---

[1] Richard III. I. 1.

und verletzt, hier habe der Dichter wie in einem Rausch übertreibender Phantasie auf Kosten der mensch= lichen und namentlich der weiblichen Natur ge= fündigt!

Wie man auch über die psychologische Wahrheit der Szene urteilen möge, so sollte wenigstens nie= mand sagen, daß Shakespeare sich dabei vergessen, dem Unglaublichen zu Liebe die letzte Spur der Wahrscheinlichkeit geopfert und die besonnene Er= wägung der Umstände diesmal völlig unterlassen habe. Bei einiger Aufmerksamkeit, womit man die Szene verfolgt, wird man wenigstens so viel leicht einsehen, daß eher dem Leser das volle Verständnis, als dem Dichter das volle Bewußtsein derselben ab= geht. In der Tat hat Shakespeare die psychologischen Schwierigkeiten der Szene keineswegs unterschätzt oder gar unbeachtet gelassen; er hat die Motive, mit denen Richard zu kämpfen hat und die er besiegt, in ihrer ganzen Stärke gewürdigt. Läßt er doch nach der gelungenen Werbung Richard selbst sagen:

> Wie? ich, der Mörder ihres Mannes und Vaters,
> In ihres Herzens Abscheu sie zu fangen,
> Im Munde Flüche, Tränen in den Augen,
> Der Zeuge ihres Hasses blutend da;
> Gott, ihr Gewissen, all dies wider mich.
> Kein Freund, um mein Gesuch zu unterstützen,
> Als Heuchlerblicke und der bare Teufel,
> Und doch sie zu gewinnen! Alles gegen Nichts!
> Entfiel sobald ihr jener wackre Prinz

Eduard, ihr Gatte, den ich vor drei Monden
Zu Tewksbury in meinem Grimm erstach?
Solch einen holden, liebenswürdgen Herrn,
In der Verschwendung der Natur gebildet,
Jung, tapfer, klug und sicher königlich,
Hat nicht die weite Welt mehr aufzuweisen.

Was man also Shakespeare entgegenhalten kann,
das hat er so gut gewußt, daß er es selbst hervorhebt
und, damit ja keiner es übersehen möge, ausdrücklich
Punkt für Punkt darauf hinweist. Er hat alle in
dieser Szene wirksamen und dem Erfolge derselben
feindlichen Bedingungen mit der Genauigkeit einer
Rechnung vor sich gehabt. Er läßt in dem Monologe
Annas (am Sarge des Königs), welcher der Szene
vorausgeht, alle gegen Richard wirksamen Motive
sich vereinigen und in einer Flut gegen ihn geschleu-
derter Flüche so stark als möglich hervorbrechen; er
läßt in dem Monologe Richards, welcher der Szene
nachfolgt, alle jene Motive noch einmal wie in einem
Rückblick sich sammeln und im grellsten Lichte erscheinen. Daher hat Shakespeare die Bedingungen
sämtlich, welche den Erfolg der Szene unwahrschein-
lich oder gar unmöglich machen sollen, gewiß nicht
zu gering anschlagen noch schwächen wollen.

Ja, wenn es ihm blos um die ordinäre, charakterlose Wahrscheinlichkeit, um die Begründung blos der
wirklich erfolgten Heirat zwischen Richard und der
Witwe des von ihm getöteten Prinzen zu tun ge-

wesen wäre, so könnte er sich mit Hilfe der Geschichte
selbst die Sache weit leichter machen. Es gab günstige
Umstände genug, die Richards Werbung um Anna
unterstützen konnten. Waren doch einst ihre Väter
Bundesgenossen im gemeinschaftlichen Kampfe gegen
das Haus der Lancaster, die Nevils seit dem Beginn
der Rosenkriege die mächtigste Stütze der Yorks,
Warwick selbst lange Zeit hindurch deren einfluß-
reichster Parteigänger, sogar der Mitbegründer
ihrer Krone, beide Familien durch Politik und Verwandtschaft seit Jahren vereinigt, Richards Mutter
selbst eine Nevil, und Annas Schwester die Schwägerin
Richards. In der Tat sind die Warwicks durch eine
Reihe älterer und stärkerer Bande mit den Yorks
verknüpft als mit dem Hause Lancaster, mit dem sie
nichts verknüpft als jenes unnatürliche Bündnis,
welches Warwick im Unwillen über Eduard mit
Margarete schloß und durch die Heirat seiner Tochter
mit dem Sohne Margaretens befestigen wollte. Und
diese Ehe, blos auf politische Interessen gegründet,
war selbst von kürzester Dauer und vielleicht niemals
vollzogen. Es war darum sehr leicht, der Werbung
Richards einen ganz anderen Hintergrund zu geben
und sie gleichsam zu stützen auf jenen alten Familien-
bund der Häuser Warwick und York; dann würde sich
niemand wundern, daß ihm Anna die Hand reicht,
umso weniger, als mitten in dem wildesten Bürger-
und Familienkriege, wo die politischen Interessen

allein die Zügel führen und die Familienbande, die sie heute geknüpft haben, morgen zerreißen, es in der Tat nicht verwunderlich ist, daß eine Witwe den Todfeind ihres Mannes heiratet. Nun hat Shakespeare von allen diesen Bedingungen, welche für Richard in die Wagschale fallen und den glücklichen Erfolg seiner Werbung begreiflich machen, keine hervorgehoben; er hat kein Motiv gebraucht, das als günstiger Umstand für Richard sprechen und in der Seele Annas die entgegengesetzten Motive zurückdrängen oder deren Stärke vermindern konnte: ein deutlicher Beweis, daß Shakespeare in der Werbungsszene auf Seiten Annas alle Beweggründe, die Richard gegen sich hat, in ihrer größten Stärke wollte allein wirken lassen. Es ist nicht genug zu sagen, daß er sie nicht zu gering angeschlagen, nicht zu wenig beachtet, daß er sie deutlich vor Augen gehabt; man muß hinzufügen, daß er mit vollem Bewußtsein und voller Absicht sie gesteigert hat. Für Richard wollte er kein Motiv ins Spiel setzen, das aus den Verhältnissen oder aus der Gunst der Umstände geschöpft war: ein deutlicher Beweis, daß nach der Absicht des Dichters in der Werbungsszene auf Seiten Richards nichts wirken sollte als allein die Macht seiner Person. Denn es handelte sich für Shakespeare bei dieser ganzen Szene weniger darum, eine Heirat zu motivieren, als ein Charakterbild der dämonischen Proteusnatur Richards zu geben.

3. Die Entwicklung der Szene.

Sehen wir nun, wie sich die Szene Schritt für Schritt in wohlberechneter Steigerung hebt und entwickelt. Man darf nicht vergessen, daß in dem dramatischen Verlaufe des Stückes Richards Gespräch mit dem verhafteten Clarence der Werbungsszene unmittelbar vorausgeht. Diese Verhaftung ist ein gelungener Zug, ein großer Schritt vorwärts auf seiner Bahn zur Herrschaft: er kommt mit einem Triumph im Innern; der eben errungene Sieg ist in seinem Gefühle schon eine Bürgschaft des nächsten, den er jetzt erringen will; er ist im siegreichen Zuge, im Vollgefühl seiner Macht, in der Laune des Eroberns. Man darf auch nicht vergessen, daß Anna an dem Sarge des Königs in einem Strome wild empörter Flüche sich so eben ihres Hasses entladen hat und jetzt dem Gegenstande ihrer Verwünschungen schon gegenübersteht in einem Zustande der Entwaffnung. Die Ausbrüche des Schreckens und der Wut, womit sie ihn empfängt, sind schon ein Zeichen der Ohnmacht und Schwäche, und Richard ist Menschenkenner genug, um davon die Witterung zu haben; er ist seiner Beute gewiß und sieht unbewegt, wie die Taube flattert und mit den Flügeln nach ihm schlägt, er sieht es mit dem Auge des Basilisken. „Ich will mehr Schiffer als die Nix ersäufen, mehr Gaffer töten als der Basilisk!"

Wie er kommt und den Trägern der Leiche befiehlt, den Sarg niederzusetzen, ist er in Geberde und Ausdruck erschreckend. Bei dem ersten Zeichen des Widerstandes droht er gebieterisch und herrisch:

Schamloser Hund! steh du, wenn ichs befehle,
Senk die Hellebarde nicht mir vor die Brust,
Sonst, bei St. Paul, streck' ich zu Boden dich
Und trete, Bettler, dich für deine Keckheit!

Die Träger gehorchen. Vor Empörung bebend, außer sich vor Wut, des Wortes kaum mächtig, will Anna ihn bannen wie den bösen Geist: „fort Teufel!" aber das Wort bannt und bewegt ihn nicht. Richard antwortet, als ob es ihm verliehen wäre, die bösen Geister zu verscheuchen:

Sei christlich, süße Heil'ge! fluche nicht!

Ein neuer Sturm von Verwünschungen, den Richard austoben läßt, und in dem Anna das letzte Aufgebot ihrer Kraft erschöpft. Ihre Flüche sind wie wild aufschäumende Wellen, die sich an ihm brechen, wie an einem ehernen Wall. Die Macht der Selbstbeherrschung, so wenig Anna überhaupt davon besitzt, ist in ihrer Seele völlig untergegangen und verschlungen von der Flut sich hastig überstürzender Flüche; sie ist durch den bloßen Anblick Richards in eine Aufregung gebracht, die ihr Gemüt so voll-

kommen verdunkelt, daß sie unmöglich auch nur auf
die Weite eines Schrittes richtig sehen und handeln
kann. Die gesamte Kraft der Selbstbeherrschung
ist auf Seiten Richards in der größten Stärke vorhanden, auf Seiten Annas in gar keiner, sie ist
hier völlig aufgelöst in eine Leidenschaft, die sich in
der eigenen Wut ihrer Ausbrüche nicht bloß verzehrt,
sondern schon verzehrt hat. Was will diese Frau
diesem Mann entgegensetzen? Was wird geschehen,
wenn Richard die Macht seines in voller Herrschaft
aufgerichteten Willens und zugleich die Leidenschaft
gegen sie aufbietet?

Einen Augenblick lang spielt er mit den Vor-
würfen, die sie ihm zuschleudert. Daß er der Mörder
ihres Gatten sei, bestreitet er; daß er den König um-
gebracht habe, gibt er zu ohne jede Regung des Mitleids und der Reue, „er taugte bei des Himmels
Herrn zu wohnen." Einen Augenblick lang läßt er
die ganze leichtfertige Furchtbarkeit seiner Natur
auf sie wirken.

Dann plötzlich ändert er den Ton und gibt dem
Gange des Gespräches eine ganz unerwartete Wendung. Er habe beide getötet, aber die Ursache der
blutigen Tat sei nicht er, sondern sie selbst; was er
getan, habe sie verschuldet, denn nichts anderes
habe ihn getrieben als die Liebe zu ihr, die mit
glühender Leidenschaft sein Herz verzehre. Wie

Medea dem Jason ruft er ihr zu: „Du hast sie
gemordet!"

> Eur Reiz allein war Ursach dieser Wirkung,
> Eur Reiz, der heim mich sucht in meinem Schlaf,
>
> Wie alle Welt sich an der Sonne labt,
> So ich an ihm, er ist mein Tag, mein Leben,
>
> Es ist ein Handel wider die Natur,
> Dich rächen an dem Manne, der dich liebt.

Jetzt verwandelt sich der Basilisk in die Sirene!
Die Frau, um die er wirbt, soll nach seinem tiefversteckten Plane die Königin werden, mit der er die
Krone teilen will, aus Liebe nicht zu ihr, sondern
zur Krone: so wird sie selbst ein Ziel seiner Herrschsucht, sie und die Krone sind in diesem Augenblick
eines in seiner Phantasie, und an dem Feuer seiner
wirklichen Leidenschaft erwärmt und entzündet sich
in ihm der Wille, diese Frau zu gewinnen, selbst zu
einer Leidenschaft, von der man in diesem Augenblick
nicht sagen kann, daß er sie heuchelt; er ist wirklich von
ihr inspiriert und getragen. Daher die hinreißende
Wirkung. Er ist in der Tat bezaubernd, dieser kriegerische Richard, wie übermannt von dem plötzlichen
Ausbruch einer ungeheuern, tief verborgenen, bis
zur Qual empfundenen Leidenschaft: dieser Furcht-
barste unter den Yorks, der das Haus Lancaster besiegt und vernichtet hat, vor der Witwe des letzten

Lancaster mit Tränen um ihre Liebe bittend. Und
wie wunderbar hat es Shakespeare verstanden, ge=
rade an dieser Stelle die weichsten Empfindungen
Richards aufzuregen und in Mitleidenschaft zu setzen!
Der Gedanke an die erbarmungslose Ermordung
seines Bruders Rutland, an den Tod des Vaters
und an den eigenen damals tränenlosen Schmerz
bringt seine ganze Seele in Wallung und erweckt
in ihr einen Sturm der wahrsten und bewegtesten
Empfindungen, von dem auch die Leidenschaft, die
er spielt, unwillkürlich mitergriffen und über jeden
Schein des Gemachten emporgehoben wird. Er hat
gegen Anna die an dem Hause Lancaster von ihm
verübten blutigen Taten nicht mit seiner Rache, son=
dern mit seiner Liebe entschuldigt; er redet auch jetzt
nicht von seiner Rache, aber in der Erinnerung an den
Tod seines Vaters und Bruders kommt ungesucht
auch die Blutschuld der Lancaster am Hause York
zum Vorschein; er gedenkt auch jetzt nicht jenes alten
Bundes zwischen Warwick und York, aber ungesucht
zeigt sich die Freundschaft beider, wie Richard jenes
Tages erwähnt, wo Annas Vater, weinend wie ein
Kind und vor Tränen der Worte kaum mächtig,
den Tod des seinigen erzählt habe:

> Die Augen nie benetzt von Mitleidstränen,
> Nicht als mein Vater York und Eduard weinten
> Bei Rutlands bangem Jammer, da sein Schwert
> Der schwarze Clifford zückte wider ihn;

Noch als dein tapfrer Vater, wie ein Kind
Kläglich erzählte meines Vaters Tod
Und zehnmal innehielt zu schluchzen, weinen,
Daß wer dabei stand, naß die Wangen hatte,
Wie Laub im Regen; in der traurgen Zeit
Verwarf mein männlich Auge niedre Tränen;
Und was dies Leid ihm nicht entsaugen konnte,
Das tat dein Reiz und macht es blind vom Weinen.
Ich flehte niemals weder Freund noch Feind,
Nie lernte meine Zunge Schmeichelworte,
Doch nun dein Reiz mir ist gesetzt zum Preis,
Da fleht mein stolzes Herz und lenkt die Zunge.

Was auch das Haus Lancaster von ihm erlitten
hat, er war der Dulder, und die Liebe zu dieser Frau
war sein Schicksal. Er hat mehr gelitten, als er Leiden
verursacht; ist der Tod doch leichter als die Qualen
einer solchen Leidenschaft. Sie möge ihn erhören
oder töten! Er gibt ihr sein Schwert:

Nein, zögre nicht, ich schlug ja König Heinrich,
Doch deine Schönheit reizte mich dazu.
Nur zu! denn ich erstach den jungen Eduard,
Jedoch dein himmlisch Antlitz trieb mich an.
Nimm auf den Degen oder nimm mich auf!

Sie kann ihn nicht töten; er will es selbst tun,
wenn sie es fordert; sie kann das Wort nicht sprechen.
Der letzte Zweifel erstirbt in dem Ausrufe: „kennt
ich doch nur dein Herz!" Sie ist gewonnen und von
dem Manne bestrickt, den sie verflucht hat; so hat

sie selbst sich dem Verderben geweiht und wird ihrem eigenen Fluche unterliegen. Von Moment zu Moment hat die Szene in einem fortreißend schnellen Verlauf, der in der Darstellung ja nicht aufgehalten und schleppend werden darf, ihre besinnungraubende Macht gesteigert, bis zuletzt Anna willenlos und faszeiniert in den Bann Richards fällt und, wie vom Schwindel überwältigt, in den Abgrund stürzt, vor dem sie zurückbebt.

Was will man jetzt noch gegen die psychische Wahrheit der Szene vorbringen? Alle Einwürfe, die man macht, treten auf die Seite des Dichters und zeugen für ihn; sie kehren alle ihre Spitze gegen sich selbst, und statt die Wahrheit der Werbungsszene, wie sie Shakespeare gedichtet hat, zu entkräften, dienen sie vielmehr dazu, sie zu rechtfertigen und zu erklären. Wie es möglich sei, daß eine Frau demselben Manne sich gibt, gegen den sie erst ein Heer atemloser Flüche ausgestoßen? Gerade deshalb! muß man antworten. Sind diese Flüche etwa eine Gemütsbewegung, deren sie Herr ist, und nicht vielmehr ein Sturm, der sie dem Strudel zutreibt? Sie sind kein Ausdruck sittlicher Kraft; sie waffnen nicht, sondern entwaffnen!

Wie es möglich sei, daß eine solche Umwandlung so schnell geschieht, daß in wenig Augenblicken der empörteste Haß besiegt wird von der Überredung Richards und sich wie mit einem Zauberschlage in

Liebe verkehrt? Zunächst verstehe man die Szene richtig. Es ist nicht wahr, daß Richard sie überredet und ihre Gründe umstimmt; er überzeugt sie nicht, sondern betäubt sie; er gewinnt auch nicht ihre Liebe, sondern macht sie willenlos; bevor sie zu ruhiger Besinnung kommt, ist sie schon in seiner Gewalt und kann den Bann nicht mehr lösen. So lebt dieser Vorgang in ihrer eigenen Erinnerung:

> Und sieh, eh ich den Fluch kann wiederholen,
> In solcher Schnelle ward mein Weiberherz
> Gröblich bestrickt von seinen Honigworten
> Und unterwürfig meinem eignen Fluch.[1]

Eine solche Betäubung geht nicht mit bedächtigen und langsamen Schritten, deren jeden man wohl überlegt. Und würde die Szene etwa wahrer sein, wenn sie länger dauerte? Oder würde es mit ihrer moralischen Möglichkeit besser stehen, wenn Richard mehr Zeit brauchte, bis er zum Ziel käme? Hier wird der Einwurf komisch. Er läuft am Ende auf den erbaulichen Rat hinaus, den Mephistopheles der Marthe gibt: „betraure ihn ein züchtig Jahr u. s. f.

4. Der Triumph Richards.

Kaum ist Richard allein, so bricht er den Zauber, dem er sich einen Augenblick lang gefangen gegeben, und schüttelt die Phantasien ab, die er mit so vieler

___
[1] Ebendaselbst IV. 1.

Naturwahrheit gespielt: er weidet sich jetzt an seinem
Triumphe, nicht mit der Eitelkeit eines glücklichen
Liebhabers, der seine Unwiderstehlichkeit erprobt hat,
sondern mit dem Humor über die weibische Schwäche,
die so unterliegen, und über die eigene Häßlichkeit,
die einen solchen Sieg davongetragen konnte:

> Ward je in dieser Laun ein Weib gefreit?
> Ward je in dieser Laun ein Weib gewonnen?
> Ich will sie haben, doch nicht lang behalten!

> Und will sie doch ihr Aug' auf mich erniedern,
> Der dieses Prinzen goldne Blüte brach,
> Auf mich, der nicht dem halben Eduard gleichkommt?
> Auf mich, der hinkt und mißgeschaffen ist?
> Mein Herzogtum für einen Bettlerpfennig!
> Ich irre mich in mir die ganze Zeit,
> So wahr ich lebe, kann ichs gleich nicht finden,
> Sie find't, ich sei ein wunderhübscher Mann.
> Ich will auf einen Spiegel was verwenden
> Und ein paar Dutzend Schneider unterhalten,
> Die Trachten ausersinnen, die mir stehn.
> Da ich bei mir in Gunst gekommen bin,
> So will ichs auch mich etwas kosten lassen.

> Komm holde Sonn als Spiegel mir zu statten
> Und zeige, wenn ich geh, mir meinen Schatten.

XVI.

Der innere Verfall des Charakters.

1. Die erste Unsicherheit.

Schnell ist die Bahn bis zur Höhe durchlaufen:
von Clarences Verhaftung zu dessen Ermordung, von
der Werbung um Anna zu deren Besitz, vom Tode
Clarences zum Tode des Königs, vom Protektor des
Reiches zur Krone; die Gegner seiner Person und
seiner Krönung sind aus dem Wege geräumt, Rivers
und Hastings Häupter sind gefallen, und die Söhne
des Königs eingeschlossen im Tower. Richard ist Herr
der Lage, er ist König. Um es in voller Ruhe sein zu
können, darf er die rechtmäßigen Erben der Krone,
die beiden gefangenen Prinzen, nicht leben lassen.
In dem Augenblick, wo er die blutige Tat sinnt und
beschließt, droht ihm schon eine zweite bis dahin unbe-
achtete Gefahr. Dorset, der Sohn der Königin aus
ihrer ersten Ehe, ist zu Richmond entflohen, mit dem
die Königin im geheimen Bunde steht; es ist zu be-
fürchten, daß Richmond seine lancasterschen Thron-
ansprüche geltend macht und seine Anhänger ver-
mehrt durch eine Verbindung mit dem königlichen

Hause der Yorks, durch die Heirat Elisabeths, der Tochter Eduards. Diese Hoffnung im Keime zu ersticken, faßt Richard sogleich den Plan, die Tochter seines Bruders selbst zum Weibe zu nehmen und durch den Tod seines Weibes sich dazu den Weg zu bahnen.

> Heiraten muß ich meines Bruders Tochter,
> Sonst steht mein Königreich auf dünnem Glas.
> Erst ihre Brüder morden, dann sie frein!
> Unsicherer Weg! Doch, wie ich einmal bin,
> So tief im Blut, reißt Sünd in Sünde hin,
> Beträntes Mitleid wohnt mir nicht im Auge.[1]

Zum erstenmale, daß Richard von der Bahn, die seine Herrschsucht zur Erreichung des Zieles und zur Befestigung des errungenen fordert, selbst sagt: „unsicherer Weg!" Dieses Wort deutet darauf hin, daß in den Grundfesten seines Charakters etwas wankend geworden. Wenn dieser Grund wankt, so ist Richard verloren und treibt seinem Untergange mit derselben Notwendigkeit entgegen, womit die unerschütterten Grundbedingungen seines Charakters ihn zu der Höhe emporgetrieben haben, auf der er steht. Wir sehen in Richards innerster Natur die abschüssige Bahn ihren Anfang nehmen, deren Ende sein tragischer Fall sein wird; und das Gemälde, welches Shakespeare jetzt von ihm entwirft, ist ebenfalls eine seiner bewunderungswürdigsten und tief-

---

[1] Ebendaselbst IV. 2.

gedachtesten Charakterschilderungen: die genaue Kehrseite des mit unwiderstehlicher Gewalt zur Herrschaft emporstrebenden Richard. Wir sehen den äußeren Untergang vollkommen bedingt und vorbereitet in dem innern Verfall des Charakters und diesen angelegt schon in dessen Wurzel.

2. Die Erschöpfung.

Zuerst trieb ihn die Rache gegen das Haus Lancaster, und dieser Zweck beherrschte ihn ganz; dann trieb ihn die freigewordene Herrschsucht gegen das eigene Haus, erfüllte sein ganzes Wesen, nahm ihn völlig in ihre Gewalt und vernichtete oder betäubte, was sich dagegen regte; jetzt auf der Höhe des erreichten Zieles erhebt sich etwas, das ihn gegen sich selbst zu treiben scheint, und es ist, als ob seine Kraft, die nicht höher steigen kann, plötzlich sinken und sein eigener Dämon von ihm weichen müßte. Dieser Wendepunkt kommt nicht von außen durch die Hand eines unbegreiflichen Schicksals, sondern ist ein in Richards Natur und Charakter tief begründeter Umschwung. Seine ganze Kraft und Geistesstärke liegt in jener dämonischen Gewalt, womit die Leidenschaft, die ihn treibt, alle Bedingungen seiner Natur wie ein gerüstetes Heer beherrscht und beisammenhält. Diese Herrschaft des Dämons über ihn war seine Selbstbeherrschung, an der alle Hindernisse brachen. Wenn diese Herrschaft nachläßt, so ist es psychologisch notwendig, daß seine Kraft ins Sinken gerät. Und daß jene Herrschaft nachzulassen und zu wanken beginnt, ist ebenso unvermeidlich. Denn sie stützt sich zugleich auf eine Selbstbetäubung, auf eine gewaltsame, über das Maß der menschlichen Natur hinausgesteigerte Anspannung aller Kräfte, für welche der natürlichste Moment, der eintreten muß, zugleich der gefährlichste ist: der Augenblick, wo sie sich lockert! Jede Selbstbetäubung ist ein gewalttätiger Eingriff in die eigene Natur, die sich den despotisch angelegten Zwang so lange gefallen läßt, als das Ziel lockt und alle Kräfte danach ringen; aber hier kommt der Moment, in dem notwendigerweise beides zusammenfällt: der Triumph und die Erschöpfung, die das Gefühl des Triumphes schon erstickt in der ersten Erhebung. Die menschliche Natur läßt sich nicht auf die Dauer betäuben; jede Selbstbetäubung dieser Art ist in ihrem innersten Kern hohl; so hohl ist die Frucht, die sie erntet. Sobald die unnatürliche Anspannung weicht, wankt der Grund und das ganze Gebäude stürzt zusammen. Und je unnatürlicher jene Selbstbetäubung war, um so furchtbarer wird die Zerrüttung. Das hat Shakespeare in einer seiner späteren Dichtungen gezeigt, wo er in einer weiblichen Natur das Ungeheuer der Herrschsucht erwachen und seine frevelhafte Bahn durchlaufen läßt, bis auf der Höhe des Zieles der Wahnsinn ausbricht: das erschütternde Bild der Lady Macbeth!

3. Die verstörende Nachricht.

Sehen wir nun, wie in Richard diese innere Erschöpfung, diese beginnende Auflockerung seiner Kraft hervortritt; wie Shakespeare diesen Wendepunkt auch von außen motiviert.

So lange Richard mit Hindernissen zu kämpfen hat, die vollkommen in seiner Gewalt liegen, wird er sie vernichten, bei Seite werfen, auf seiner Bahn fortstürmen, Herr der Lage sein und seine ganze Herrschaft über sich selbst behalten. So haben wir ihn kennen gelernt in allen bisherigen Zügen. Seine Kraft der Selbstbeherrschung hat so viele sich steigernde Proben bestanden und ist in einem Grade angespannt, der nicht weiter getrieben, nur aufrecht gehalten werden kann. Lassen wir nun ein Hindernis sich gegen ihn erheben, das außer seiner Rechnung und außer seiner Gewalt liegt, so ist hier der Moment, in welchem die gewaltsam angespannte Kraft nachgibt und weicht, die Schwankung in der Wurzel des Charakters beginnt, und die Zügel der Selbstbeherrschung ihm gleichsam unbewußt aus der Hand gleiten.

Der Sohn der Königin ist zu Richmond nach der Bretagne entflohen: diese Nachricht bringt ihm Richmonds Stiefvater, Lord Stanley, der im Geheimen die Prätendentschaft Richmonds nährt und, um den König zu täuschen, selbst kommt, ihm die

Flucht des Marquis Dorset zu melden. Er täuscht
ihn wirklich. Hinter dem Scheine der Aufrichtigkeit,
womit Richard zu täuschen gewohnt ist, erkennt er
jetzt den Verräter nicht. Sein Scharfblick ist wie mit
einemmale getrübt; seine Einbildungskraft, die vorher jedes Hindernis klein sah und geringfügig nahm,
sieht jetzt in dem Wölkchen, das am fernen Horizonte,
wohin sein Arm nicht reicht, aufsteigt, schon die un-
heilschwangere Gewitterwolke. Bisher fühlte er
sich wie vom Schicksale getrieben, jetzt fühlt er das
Schicksal wie eine dunkle Macht im Anzuge gegen
sich. Zum erstenmale gerät sein klarer, sich völlig
beherrschender Geist in Verwirrung und ist wie um-
wölkt. Die Schatten der Schwermut befallen ihn
schon von innen her.

4. Die Verstimmung.

Wie seelenkundig hat Shakespeare diesen Moment
eingeführt und wie lebensvoll geschildert mit den
wenigsten Zügen! Der König ist schon verstimmt.
Zum erstenmale hat ihm Buckingham, der treue
Helfer seiner Pläne, sein stets willfähriges Werkzeug, den Dienst versagt; er hat sich zu der Ermordung der Söhne Eduards, die der König im Sinne
führt, nicht gleich bereitwillig gefunden. Und als
ob er jetzt, angelangt auf der Höhe seiner Bahn, keiner
Verstellung mehr bedürfe, kann Richard seinen
Grimm darüber nicht verbergen. „Der König ist

erzürnt", sagt Catesby, „er beißt die Lippe!" Wo bleibt seine Kunst: „kann ich doch lächeln — und sagen schön! zu dem, was tief mich kränkt?"

In dieser Verstimmung trifft ihn die Nachricht von Dorsets Flucht zu Richmond. Schnell beschließt er den Tod Annas, die Heirat Elisabeths, und befiehlt Tyrrel die Ermordung der beiden Prinzen. Aber er ist innerlich verstört. Er kann den Namen „Richmond" nicht los werden. Alte Weissagungen fallen ihm ein. König Heinrich hat Richmond die Krone prophezeit. Ein irischer Barde hat ihm verkündet, er werde nicht lange mehr leben, wenn er Richmond sehe; schon als er unlängst das Schloß Rougemont betrat, fiel ihm bei der bloßen Ähnlichkeit des Namens jene Prophezeiung ein und machte ihn stutzig.

Während der König sich in diese Gedanken verliert, die ihn immer wieder anfallen, ist er taub gegen die Bitten und Mahnungen Buckinghams, der seinen Lohn, die versprochene Grafschaft Hereford verlangt. Und wie er nicht abläßt zu mahnen, wird der König unwillig und herrscht ihn despotisch an, ich kenne kein Wort, das despotischer wäre:

> Ich bin nicht in der Gebelaune heut,
> Du störst mich nur, ich bin nicht in der Laune!

Wo bleibt die Kunst seiner Selbstbeherrschung? Seinem willfährigen Diener, seinem tätigsten und einflußreichsten Parteigänger weigert der freigebige Richard den verheißenen Lohn. Weil er verstimmt und durch den Namen Richmond verdüstert ist! So wenig hat er sich noch in der Gewalt, daß die Anwandlung einer üblen Laune schon mächtiger ist als sein Interesse; daß er, der Meister des Macchiavelli, gegen die erste Regel einer klugen Politik sündigt und den Treuesten seiner Anhänger in einen Feind verwandelt.

5. Die Verwirrung.

In demselben Maße, als er die Gewalt über sich selbst verliert, verliert er sie auch über andere. Und niemals hätte er die Sammlung seiner Geisteskräfte und die Herrschaft über sich selbst nötiger gehabt als jetzt, wo schon die Vorboten nahender Stürme, eine Menge betäubender Nachrichten auf ihn einbrechen, in verworrener Hast, gute und schlimme, wahre und falsche durcheinander. Richmonds Schiffe nähern sich schon der Küste Englands; es heißt, er komme als Prätendent; die Küste ist unbewacht; in England selbst rühren sich schon die Waffen für Richmond, Rebellen sammeln sich in Devonshire, Kent, Yorkshire. Jetzt kommt die Nachricht, Richmond segle nach der Bretagne zurück; bald darauf die entgegengesetzte, er sei in England gelandet; dazwischen wird gemeldet, daß Buckinghams Heer versprengt, er selbst gefangen sei.

Wäre Richard noch in vollem unerschüttertem Besitze seiner Kraft, so würde mitten in diesem Tumulte durcheinander schwirrender Botschaften, angesichts der Gefahren, die plötzlich von so vielen Seiten her auf ihn einstürmen, sein Geist umsichtiger, sein Blick schärfer, sein Mut gerüsteter sein als je; denn kriegerische Naturen, wie Richard, werden durch die Gefahr in allen ihren Fähigkeiten gesteigert. Aber Richard ist in diesem Augenblicke nicht mehr er selbst, er gerät in Verwirrung und handelt wie einer, der den Kopf verloren hat, nicht aus Mangel an Mut, sondern aus Mangel an Selbstbeherrschung. Verstimmt durch Buckinghams Widerspruch, verstört durch Stanleys Nachricht, von bösen Ahnungen angewandelt, begeht er eine Torheit nach der andern; Stanleys Verrat durchschaut er nicht, Buckinghams Dienste belohnt er mit Undank, beleidigt ihn unklugerweise und läßt, was noch törichter ist, den Beleidigten von sich, statt ihn unschädlich zu machen. Wie Catesby ihm den Abfall Buckinghams meldet, fühlt Richard wohl, daß er nur durch kraftvolles und schnelles Handeln die Gefahr besiegen könne; er ruft dem Boten zu:

> Sei denn, mein Flügel, feurige Schnelligkeit,
> Zum Königsherold und Merkur bereit!
> Geh, mustre Volk, mein Schild ist jetzt mein Rat,
> Verräter Trotz im Felde ruft zur Tat![1]

---

[1] Richard III. IV. 3.

Aber sein Vermögen ist wie gelähmt. Wie sich die Botschaften überstürzen und er mit gewohnter Raschheit sich anschickt seine Befehle auszuteilen, vergißt er jetzt, was er befehlen will, jetzt was er befohlen hat.

Zu Catesby sagt er: „flieg hin zum Herzog Norfolk"! Aber er sagt nicht, was er dort soll. Jetzt ist er empört, daß der Bote noch weilt. „Unachtsamer Schurke, was säumst du hier und gehst nicht hin zum Herzog?" Und wie dieser ihm antwortet, daß er ja den Inhalt der Meldung noch nicht kenne, gibt ihm Richard, sich besinnend und ihn begütigend, erst jetzt die nähere Weisung[1].

Zu Ratcliff sagt er: „reit hin nach Salisbury!" Und wie dieser ihn frägt: „was soll ich, wenns beliebt, zu Salisbury?" hat Richard seinen Befehl ganz vergessen und antwortet: „Ei, was hast zu tun da, eh ich komme?"[2]

Die Westküste, die Richmond bedroht, ist unbewacht; hier sollten Richards treueste Anhänger stehen; und als ob er mit Blindheit geschlagen wäre, läßt er Stanley, den Vater Richmonds, dort seine Truppen sammeln. Doch mißtraut er ihm zugleich und sagt auch, daß er ihm mißtraut. Erst herrscht er ihn unwillig an, warum er seine Truppen im Norden habe und nicht da, wo die Gefahr drohe, und als

---

[1] Richard III. Akt IV. 4. — [2] Ebendas. IV. 4.

Stanley sogleich bereit ist, zu gehorchen, findet Richard seine Dienste bedenklich:

> Ja, ja, du möchtest gern zu Richmond stoßen,
> Ich will euch, Herr, nicht traun.

Und doch traut er ihm so weit, daß er ihn gegen Richmond ins Feld ziehen läßt, und mißtraut ihm soweit, daß er seinen Sohn als Geißel zurückbehält. Was er tut, ist gemischt aus Vertrauen und Argwohn und kann nicht törichter gemischt sein. Von seinem Vertrauen erntet er den Verrat, von seinem Argwohn gar nichts. Was kann auch der Kopf des Sohnes ihm helfen, wenn der Vater mit dem Heere zum Feinde übergeht?

Eine schlimme Botschaft kommt nach der anderen. Um eine Gefahr zu besiegen, ist doch wohl die erste erwünschte Bedingung, sie richtig zu kennen. Man sollte meinen, daß diese Einsicht einem Manne wie Richard willkommen sein müßte, ihm, der einst bei der Todesnachricht seines Vaters dem Boten zurief: „sag, wie er starb, denn ich will alles hören." Auch diese männliche Kraft ist jetzt wie gebrochen: den nächsten Boten schlägt er, noch bevor dieser seine Meldung ausgerichtet. Und die Botschaft, die er bringt, ist noch dazu eine gute: daß Buckinghams Heer zerstreut und versprengt ist. Was macht der furchtbare Richard hier für eine kindische Figur, erst

den Boten ungehört zu schlagen und dann, nachdem
er günstiges gemeldet, den Beutel zu ziehen und ihm
den Schlag abzubitten:

O ich bitt, entschuldigt!
Da ist mein Beutel, um den Schlag zu heilen.

XVII.

Die Werbung um Elisabeth.

1. Die Lage der Szene.

Diese Geistestrübungen sind ein schlimmes Vor-
zeichen für die Schlacht, in die er zieht. Was in seinem
eigenen Hause ihm noch bedrohlich oder hinderlich
schien, hat er vernichtet und aus dem Wege geräumt:

> Den Sohn des Clarence hab ich eingesperrt,
> Die Tochter in geringem Stand verehelicht.
> Im Schoße Abrahams ruhen Eduards Söhne,
> Und Anna sagte gute Nacht der Welt.

Nur eines ist noch übrig: daß er die Absicht erreicht, für die er sein Weib geopfert hat, und die Hand
der jungen Elisabeth gewinnt. „Heiraten muß ich
meines Bruders Tochter, sonst steht mein Königreich
auf dünnem Glas!“ Glückt ihm die Werbung, so hat
er in dem eigenen Hause nichts mehr zu fürchten; der
Boden unter ihm ist fest, und er bedarf zur Sicherung
des Thrones nur noch einer siegreichen Schlacht.
Aber ob ihm die Werbung gelingt? Es ist zum
zweitenmale, daß er seine Proteuskunst aufbieten
wird, um ein Frauenherz zu betören; doch liegt diese

zweite Werbungsszene ganz anders als die erste. Sein Stern war im Steigen begriffen, als er um Anna warb; jetzt ist dieser Stern zunehmend im Sinken; es ist nicht zu vermuten, daß auf der abschüssigen Bahn, die er innerlich schon betreten, unter dem Druck, der seine Gemütskräfte schon gefangen nimmt, die dämonisch bestrickende Gewalt Richards eine zweite siegreiche Probe besteht, dicht vor seinem Untergange in der Schlacht von Bosworth, daß die letzte Station vor dem tragischen, in dem Verfall des Charakters begründeten Ende ein solcher Sieg sein soll. Vielmehr wird uns durch die ganze Entwicklung des Charakters und die Ökonomie der Tragödie selbst die Vorstellung nahe gelegt, daß der Dichter in dieser zweiten Werbungsszene nicht blos ein Gegenstück, sondern zugleich das Gegenteil der ersten bezweckte, so daß auf Seiten Richards der eingebildete Sieg in Wahrheit nichts ist, als eine neue Verblendung und Selbsttäuschung. Unmittelbar nach der Szene kommt die Nachricht von der Landung Richmonds, von den Gefahren, die plötzlich auf ihn einstürmen, jener Wirrwarr von Nachrichten, dem gegenüber Richard ohne Sammlung und Herrschaft über sich selbst, haltungslos und verworren erscheint. Und was der Szene unmittelbar vorangeht, ist der Fluch, den die eigene Mutter ihm mitgibt in die Schlacht; zu dem Fluche Margaretens, der schon auf seinem Haupte ruht, kommt der Mutterfluch, und

so vereinigen sich die Geister der Lancaster und York
gegen Richard:

> Drum nimm mit dir den allerschwersten Fluch,
> Der mehr am Tag der Schlacht dich mög ermüden
> Als all die volle Rüstung, die du trägst!

Und diesen Moment zwischen dem schwersten aller
Flüche und der schlimmsten aller Nachrichten hätte
Shakespeare gewählt, um den schon in sich verfallen-
den Richard eine zweite Annaszene aufführen zu
lassen, die als eine bloße Wiederholung noch dazu
müßig und wirkungslos gewesen wäre?

2. Gegensatz zwischen Anna und Elisabeth.

Er wirbt jetzt nicht um die Hand einer Frau, deren
Gemahl er im Kriege getötet, und die ihm gegenübersteht außer sich vor Empörung, besinnungslos
vor Leidenschaft, innerlich durch deren Ausbrüche
entkräftet. Er wirbt bei der Mutter, deren Söhne
er um die Krone gebracht und dann heimtückisch ermordet hat, um die Hand ihrer Tochter! Ihm steht
jetzt in der Königin Elisabeth eine Frau gegenüber
ganz anderer Geistesart, als Anna. Wie charakteristisch hat der Dichter beide Frauen und beide Wer-
bungsszenen schon in der Art unterschieden, wie er
die letzteren einführt! Er läßt Anna sich ihres Hasses
in rasenden Flüchen entladen, bevor Richard seine
Werbung beginnt; die Königin Elisabeth dagegen
ist viel zu klar und gesammelt, um sich in Ausbrüchen

der Leidenschaft zu berauschen; sie ist in ihrer Empfindung viel zu gehalten und maßvoll, um sie in
Flüchen auszutoben; selbst in ihrem empörtesten
Haß über Richard, der ebenso groß ist, als der Schmerz
über die gemordeten Söhne, kann sie es nicht und
sagt zu Margarete: „lehre mich fluchen!" Sie kennt
die Ohnmacht der Worte: „windige Sachwalter des
Leids", „des Elends arme hingehauchte Redner!"

Und wie die Mutter Richards den schwersten ihrer
Flüche auf ihn förmlich herabgefleht hat, sagt Elisabeth zwar Amen zu dem Fluch, aber sie kann nicht
selbst das furchtbare Wort sprechen: „obwohl ich weit
mehr Grund zum Fluche habe, so bin ich dazu doch
weit weniger genutet!"[1] So lautet von Elisabeths
Seite das letzte Wort vor der Werbung Richards.
Und diese haltungsvolle und unverblendete Frau
sollte dem Manne, der den Mutterfluch trägt, zu dem
sie Amen gesagt hat, gleich darauf, von seinen Worten
betört, die eigene Tochter zum Weibe geben?

3. Die Täuschung Richards.

Die Szene oberflächlich betrachtet, könnte es
freilich scheinen, als ob die Königin am Ende doch
betört wäre und Richard sein Spiel abermals gewonnen hätte. Er glaubt sich Sieger, und mit einem

---

[1] Though far more cause, yet much less spirit to curse
Abides in me: J say amen to her. IV. 4.

ähnlichen Hohne, wie er einst über Anna triumphiert hatte, ruft er jetzt der Königin nach:

Nachgieb'ge Törin, wankelmütig Weib!

Diese Worte lassen keinen Zweifel, daß er seine Werbung für gelungen hält. Die Frage ist nur, ob er sich täuscht oder nicht?

Die letzten Worte der Königin haben den Schein, als ob sie ihm nachgäbe, als ob das Gewicht ihres Widerstandes am Ende erschüttert und sie von seiner Überredung gewonnen wäre:

Soll ich vom Teufel so mich locken lassen?

Soll ich denn selbst vergessen meiner selbst?

Soll ich die Tochter zu gewinnen gehen?

Ich gehe; schreibt mir allernächstens,
Und ihr vernehmt von mir, wie sie gesinnt.

Zwar verspricht sie nichts bestimmtes; aber sie wird unschlüssig, sie fängt an, die Sache zu bedenken, und ihre Zweifel weichen immermehr zugunsten Richards. Die Frage ist nur, ob sie ihn absichtlich täuscht und einen Schein der Nachgiebigkeit annimmt, dem sie innerlich fremd ist und bleibt? Nach ihren Handlungen zu urteilen, ist es unmöglich, daß Elisabeth jemals der Werbung Richards ernstlich Gehör schenkt. Schon vor der Ermordung

ihrer Söhne, nachdem Richard ihre Verwandten geopfert und sich der Prinzen bemächtigt, hat die
Königin ihren Sohn Dorset zu Richmond geschickt
und mit diesem Verbindungen angeknüpft. Sie ist
im Bunde mit Richmond gegen Richard. Die Unterhandlungen sind im Geheimen so weit geführt
worden, daß schon eine Heirat zwischen Richmond
und der jungen Elisabeth im Plan ist; und was wir
zuletzt noch von der Königin hören, gleich nach
jener Werbungsszene, ist eine Botschaft Stanleys an
Richmond:

> Die Königin woll' ihre Tochter
> Elisabeth ihm herzlich gern vermählen.
> Die Briefe hier eröffnen ihm das Weitre.

„Soll ich die Tochter zu gewinnen gehen? Ich
gehe; schreibt mir allernächstens", sagte die Königin
zu Richard, der nun nicht anders glaubt, als sein
Spiel gewonnen zu haben. Sie geht und verlobt die
Tochter mit Richmond. Wer ist hier der Getäuschte?
Offenbar ist es Richard, dessen spähendes Auge nicht
mehr so klar wie sonst sieht, der jetzt die Königin,
die ihn täuscht, so wenig durchschaut als Stanley,
der ihn verrät. Seine Verblendung wäre in beiden
Fällen unbegreiflich, wenn sie nicht ein Zeugnis und
Ausdruck seiner inneren Trübung wäre. Er weiß
doch, daß die Königin mit Richmond im Bunde
steht; auf die Nachricht von der Flucht Dorsets, hat

er ja sogleich den Tod Annas und die Werbung um
Elisabeth beschlossen. Es gehörte jetzt wenig Überlegung dazu, um unter diesen Bedingungen eher
die Zweideutigkeit der Königin zu fürchten, als über
ihre Nachgiebigkeit und ihren Wankelmut so vor-
zeitig zu triumphieren. Er sieht nicht was vor seinen
Augen liegt, und ist mit Blindheit getroffen, wie
einer, den die Götter verderben wollen.

4. Der Charakter Elisabeths.

Wie aber kommt es, daß die Königin, nachdem
sie alle Versuche und Überredungskünste Richards
mit unerschütterter Sicherheit zurückgewiesen und
abgeschlagen hat, mit einemmale ihren Widerstand,
wenn auch nur zum Scheine aufgibt? Diese Wendung läßt sich nur aus dem Charakter Elisabeths und
dem Gange der Szene richtig beurteilen. So weit
in der Shakespeareschen Dichtung die Charakter-
züge Elisabeths entwickelt sind, erscheint als die
Grundform ihres ganzen Wesens ein weiblich an-
mutiger und milder Sinn, den weder der Wechsel des
Schicksals, der sie plötzlich auf den Thron erhoben,
noch die rasenden, durch den Parteikampf entfesselten
Leidenschaften, die sie rings umstürmen, aus seinem
Gleichgewichte gebracht haben; ihre ganze Empfindungsweise liegt dergestalt in den Grenzen des
weiblichen Maßes, daß diese Frau unmöglich je ins
Furienhafte entarten und ebenso wenig je ins

Heroische gesteigert werden kann: sie ist darin das völlige Gegenteil der Margarete. Und je weniger maßlose Leidenschaft sie verblendet und entweiht, um so klarer und besonnener bleibt ihr von dem weiblichen Gefühle richtig geleitetes Urteil: sie ist darin das völlige Gegenteil Annas. Mitten in einer von den aufgeregten Leidenschaften wild bewegten und zerrissenen Welt macht die Erscheinung dieser Frau einen wohltuenden, aber verglichen mit den stark markierten Zügen, welche in jedem der anderen Charaktere die Leidenschaft ausprägt, keinen hervortretenden und eher matten als fesselnden Eindruck. Ihr Element ist das häusliche Leben, die Liebe der Frau und der Mutter; sie könnte auch eine Krone zieren in harmlosen Zeiten, aber sie ist nicht gemacht für jene verhängnisvolle Krone, welche die Yorks dem Hause Lancaster abgerungen haben und die jetzt der Bruder dem Bruder beneidet. Als einst König Eduard um ihre Liebe warb, während sie für ihre Söhne bat, wies sie den König zurück im Gefühl ihrer weiblichen Würde; als er zuletzt ihr die Krone bietet, läßt sie es geschehen, nicht aus Ehrgeiz, sondern aus Liebe zu ihren Kindern. Sie bleibt stumm; „der Witwe stehts nicht an", sagt Richard, „sie sieht verdüstert"[1]. Dieser düstere Zug geht wie eine trübe Ahnung des Schicksals durch ihre Seele; sie hat eine Dornenkrone empfangen. Und was die Witwe Grey vorausgefühlt,

---

[1] Heinrich VI. 3. Teil. III. 2.

erfährt die Königin Elisabeth: „ich habe wenig Freud auf Englands Thron", „ich wäre lieber eine Bauern= magd als eine Königin"[1]. Sie hegt keinerlei gehässige Empfindungen, keinen Übermut gegen die stolze, entthronte Margarete, die bei jeder Gelegenheit Verwünschungen gegen sie ausstößt; sagt doch Eli= sabeth selbst: „ich tat ihr nie zu nah, soviel ich weiß;"[2] sie hat keinen Neid und keine Bitterkeit gegen Anna, die nach ihr jene Krone trägt, die Richard ihren Söhnen geraubt hat: „geh arme Seel, ich neide nicht dein Glück;"[3] sie trägt keinen Haß gegen den ihr feindlich gesinnten Hastings; sie möchte alle Zwistigkeiten am Hofe gütlich ausgleichen und die Uneinigkeiten der königlichen Brüder schlichten, sie spricht für Clarence beim Könige und stimmt diesen mild und versöhnlich; sie möchte dem Könige das Leben leicht und angenehm machen und ihren Hof zu einer heiteren, zufriedenen Welt, in der sie selbst eine bezaubernde Königin sein würde. Aber im Hinterhalte lauert der finstere Dämon Richards. Und mit weiblichem Instinkte wittert in ihm Elisabeth ihr böses Verhängnis; ihr klarer, durch keine Leiden= schaften verblendeter Blick durchschaut von Anfang an seine unheilvollen Gedanken. Noch ehe man ahnen kann, daß er Clarence aus dem Wege schaffen und nach dem Tode des Königs die Hand nach der Krone ausstrecken wird, sagt sie zu ihm:

---

[1] Richard III. Akt I. 3. — [2] Ebendas. I. 3. — [3] IV. 1.

Ihr neidet mein und meiner Freunde Glück.
Gott gebe, daß wir nie euch nötig haben.

Wie sie den Tod Clarences erfährt, fühlt sie schon den Boden unter sich erschüttert und sieht die düstere Welt, in der sie lebt: „Allsehnder Himmel, welche Welt ist dies!"[1] Und wie sie die Verhaftung der Ihrigen hört, ist ihr alles klar, der Abgrund liegt deutlich vor ihren Augen, sie erkennt den Anfang vom Ende und flieht in das Asyl:

> Weh mir! ich sehe meines Hauses Sturz,
> Der Tiger hat das zarte Reh gepackt;
> Verwegne Tyrannei beginnt zu stürmen
> Auf den harmlosen, ungescheuten Thron.
> Willkommen Blut, Zerstörung, Metzelei,
> Ich sehe, wie im Abriß, schon das Ende.[2]

Und es kommt, wie die Königin voraussieht: ihre Verwandten hingerichtet, ihre Söhne im Tower, ihr selbst der Eintritt versagt, Richard gekrönt! In dem Moment dieser furchtbaren Nachricht ist Elisabeths erster Gedanke eine mütterliche Sorge, die Rettung ihres Sohnes Dorset:

> O Dorset, sprich nicht mit mir! mach dich fort!
> Tod und Verderben folgt dir auf der Ferse;
> Verhängnisvoll ist deiner Mutter Name.
> Willst du dem Tod entgehn, fahr übers Meer,

---

[1] Ebendas. II. 1. — [2] II. 4.

Bei Richmond leb, entrückt der Hölle Klaun.
Geh, eil aus dieser Mördergrube fort[1].

Es folgt die Ermordung der Prinzen und dann
die Werbung Richards um die Tochter Elisabeths.
Er steht vor ihrem Auge enthüllt als der Mörder ihres
Bruders und ihrer Söhne, als der Mörder seines
eigenen Bruders und seines eigenen Weibes; keiner
seiner Frevel ist ihr verborgen, kein täuschendes Wort
kann ihre Überzeugung erschüttern. Was er auch sagt,
keiner seiner Gründe bewegt sie, nicht das Wohl
Englands, nicht seine königliche Macht, nicht die Versicherungen seiner Liebe. Wie ein Schild hält sie ihm
das Wort entgegen: Du hast meine Söhne gemordet!

Nein! Meine Gründe sind zu tief und tot,
Zu tief und tot, im Grab die armen Kinder.

Jeden seiner Schwüre schlägt sie zu Boden, jede
Macht, die er anruft, ist in ihren Augen gesunken:
der Heilige entweiht, das Knieband entehrt, die Krone
geraubt, die Welt voll schnöden Unrechts, sein Vater
durch ihn entwürdigt, er selbst durch Verbrechen ge-
schändet, der Name des Himmels in seinem Munde
eine Blasphemie, und die Zukunft schon verdorben
durch die Vergangenheit! Alle seine Gründe und
Schwüre sinken vor ihr in nichts zusammen. Da
wendet er das letzte Mittel an, um ihr die Tochter
abzudringen:

____

[1] Ebendas. IV. 1.

Auf ihr beruht mein Glück und deines auch:
Denn ohne sie erfolgt für mich und dich,
Sie selbst, das Land und viele Christenseelen,
Tod und Verwüstung, Fall und Untergang.
Es steht nicht zu vermeiden als durch dies;
Es wird auch nicht vermieden als durch dies.
Dringt auf die Notdurft und den Stand der Zeiten,
Und seit nicht launenhaft in großen Sachen.

Dieses letzte Mittel ist eine Drohung! So könnte Richard nicht sprechen, wenn er nicht ahnte, welche Pläne die Königin mit Richmond im Sinne führt, und fest entschlossen wäre, eher die Tochter Elisabeths zu vernichten, als geschehen zu lassen, daß ein Mann, der ihm die Krone streitig macht, ihr Gemahl wird. Wie die Dinge stehen, so ist er genötigt, die Tochter der Königin entweder selbst zum Weibe zu nehmen oder gewaltsam zu hindern, daß sie eine ihm gefährliche Heirat schließe. Das ist „die Notdurft und der Stand der Zeiten," auf die er die Königin mit dem ganzen Ausdruck drohender Entschlossenheit hinweist: „es steht nicht zu vermeiden, als durch dies; es wird auch nicht vermieden, als durch dies!" Was soll die Königin tun? Auf ihrer Weigerung beharren, hieße das Leben der Tochter gefährden. Das vermag sie nicht. Die Drohung Richards trifft sie an der Stelle, wo sie am schwächsten und stärksten zugleich ist: in ihrem Muttergefühl. Seine Liebesbeteuerungen, seine Überredungskünste und Schwüre scheitern vollkommen an dem Herzen und der Einsicht Elisabeths; die einzige Versuchung, die ihr Herz trifft, ist die Drohung. „Soll ich vom Teufel so mich locken lassen?" sagt die Königin, die wohl versteht, was er in dunklen Worten andeutet, und recht gut weiß, was „das nicht zu Vermeidende" ist. Die Tochter retten, ist ihr einziger Gedanke; sie kann es nur, wenn sie ihn täuscht. Und die Täuschung gelingt ihr.

Sie gibt der Versuchung nach so weit, daß sie den Schein des Widerstandes aufgibt. Ob sie mehr aufgibt als blos den Schein? Ob sie der Versuchung noch weiter nachgibt oder nachgeben könnte? Zunächst kann es ihr nur darum zu tun sein, Richard, der in den Kampf gegen Richmond zieht, hinzuhalten. Alle ihre Hoffnungen sind auf Richmond und den Sieg seiner Sache gerichtet. Wenn aber Richard als Sieger zurückkehrte, was würde Elisabeth tun, wenn sie ihn nicht mehr länger hinhalten könnte und sich entscheiden müßte für oder wider? Wenn sie die Tochter nicht anders retten könnte, als durch die Heirat, die sie verabscheut? Müßte sie Richard wählen entweder als den Gatten oder als den Mörder ihrer Tochter, so darf man aus dem Charakter der Königin überzeugt sein, daß sie den Gatten vorziehen würde. Sie ist nicht imstande, das Leben der Tochter zu opfern; sie ist kein heroischer Charakter, kein weiblicher Virginius. Warum denn würde sie auch nur den Schein des Widerstandes aufgeben, wenn die Drohung Richards und ihre dadurch erregte Furcht

für das Leben der Tochter nicht wirklich eine Ver=
suchung wäre? Wenn sie nach Richards gefahr=
drohenden Worten sagt: „soll ich vom Teufel so
mich locken lassen?" so ist diese Wendung, womit
sie einlenkt, keine bloße Lüge, sondern sie fühlt, wie
wahr die Drohung ist; die Versuchung tritt ihr wirk=
lich nahe und ergreift sie in demselben Maße als sie
um die Tochter ernstlich besorgt wird. Je natürlicher
diese Empfindung Elisabeths ist, um so aufrichtiger
und ungeheuchelter muß auch der Schein ihrer Nach=
giebigkeit sein und um so sicherer die Täuschung. Sie
täuscht ihn mit einer naturwahren Empfindung, wie
er zu täuschen gewöhnt ist, nicht durch eine Maske,
sondern mit dem natürlichsten Ausdruck ihres Ge=
sichtes, und ich möchte um keinen Preis, daß man
Elisabeths letzte Worte in der Werbungsszene für
bloße Maske oder einen fälschlich erheuchelten Schein
ansieht.

XVIII.

Der Untergang Richards.

———

1. Die trüben Ahnungen.

Mit dem beginnenden Verfall in dem Charakter Richards kommen von außen die schlimmen verstörenden Botschaften, von innen die Unklarheit und Verwirrung in seinem Denken und Handeln. Auch der Erfolg seiner Werbung um Elisabeth ist eine Täuschung. Die ungeheure Geisteskraft, die alle Mächte seiner Natur in einem einzigen Punkte gebieterisch zusammenhielt, ist im Sinken; der Zusammenhalt löst sich auf und weicht aus den Fugen. Er ringt mit sich und nimmt sich momentan von neuem in seine Gewalt, er richtet sich auf und sinkt unwillkürlich wieder zurück in die Verstörung, die seine Kräfte lähmt und verdunkelt. Auch in dieser Schwäche ist etwas Dämonisches, das ihn bewältigt.

Vor dem Tage der Schlacht, auf dem Felde von Bosworth wird ihm diese innere Trübung selbst fühlbar, sie drängt sich hervor, und wie erschreckt von ihrer Äußerung, sucht Richard jedesmal, sie gewaltsam abzuschütteln. Wie er den Ort bezeichnet hat, wo sein Zelt stehen soll, frägt er plötzlich: „Mylord von Surrey, warum seht ihr trübe?" und gleich darauf, um guter Dinge zu scheinen, sagt er zu Norfolk: „Norfolk, hier gibt es Schläge, ha, nicht wahr?"

Hinter jedem Befehle, den er gibt, lauert eine traurige Ahnung, die ihn unwillkürlich anwandelt. Kaum hat er die Weisung erteilt: „schlagt auf mein Zelt; hier will ich ruhn zu Nacht!" so kann er sich der Frage nicht erwehren: „doch morgen wo?" „Gut, es ist alles eins", antwortet er sich selbst, und dann wieder zu den anderen gewendet, frägt er: „wer spähte der Verräter Anzahl aus?"

In der Einsamkeit seines Zeltes, den Abend vor der Schlacht, werden die schwermütigen Empfindungen immer mächtiger. Es ist, als ob alle Lebenslust, alles geistige und körperliche Kraftgefühl von ihm genommen wäre:

Ich will zu Nacht nicht essen.

Gebt mir einen Becher Weins.

Ich habe nicht die Rüstigkeit des Geistes,
Den frischen Mut, den ich zu haben pflegte.

Er fühlt sich auch körperlich erschlafft; alles wird ihm schwer, auch die Rüstung: ein erschütternder Zug, den Shakespeare nebenher spielen läßt. „Mein

Fluch", hatte die Mutter beim Abschiede gesagt, „soll
an dem Tag der Schlacht dich mehr ermüden, als
all die volle Rüstung, die du trägst!" Und jetzt, ohne
dabei des mütterlichen Fluches zu denken, will er
seine Rüstung leichter haben; sie ist ihm schon zu
schwer:

> Nun ist mein Sturmhut leichter als er war?
> Und alle Rüstung mir ins Zelt gelegt?

> Daß meine Schäfte fest und nicht zu schwer sind![1]

2. Der Traum.

Ihm fehlt die Rüstigkeit des Geistes, der frische
Mut, den er zu haben pflegte. Er selbst hat das Gefühl dieser Abnahme. Die unterdrückten Geister
seiner Natur schlafen nicht mehr, betäubt und ge-
bunden unter der Wucht seiner Selbstbeherrschung;
sie fangen an sich zu rühren, sie beschleichen ihn unwillkürlich, und er hält sich nur noch mühsam dagegen
aufrecht.

In dieser Gemütsstimmung übermannt ihn der
Schlaf. Und während er schläft, erwachen in ihm
jene unterdrückten, lange niedergehaltenen, jetzt
schon aufgeregten Geister: das sind die furchtbaren
Traumbilder, die in ihm aufsteigen! Was sein waches
Bewußtsein zuletzt nur noch mit Mühe verdeckt hatte:
dieser Abgrund seines Selbst, von Verbrechen wie

---

[1] Ebendas. V. 3.

eine Hölle angefüllt, liegt jetzt, wo der Schlaf das Bewußtsein bindet, mit einem Male wie entschleiert und aufgetan vor seinem träumenden Auge. Wie ist dieser Traum der bildlich so vollkommen wahre und sprechende Ausdruck seines Gemütszustandes! Eine Reihe ungeheurer Frevel hat seine Kräfte überspannt und dadurch gelockert. Er ist unsicher in sich selbst geworden. Er hat das Gefühl dieser Unsicherheit, das ihn als trübe Ahnung immer und immer wieder anfällt: diese Ahnung ist das Vorgefühl seines Unterganges. Sein Fall als Folge seiner wankend gewordenen Kraft, dieser innere Verfall als Folge seiner Frevel: das ist, deutlich gesagt, das Motiv seiner verdunkelten Gemütsstimmung; das ist, bildlich ausgedrückt, der Gegenstand und Inhalt seines Traumes. Die Geister der Erschlagenen kommen und verkünden ihm den nahen Untergang; jeder ruft ihm zu: „verzweifle und stirb!" Zuletzt der Geist Buckinghams:

Träum weiter, träum von Tod und von Verderben,
Du sollst verzweifeln und verzweifelnd sterben!

Nicht weil er so träumt, wird er fallen; sondern weil er fallen wird, weil sein Untergang in ihm selbst schon vorbereitet liegt, weil er innerlich schon gefallen ist: darum träumt er einen solchen Traum! Nicht der Traum ist die Quelle des Schicksals, sondern Schicksal und Traum haben dieselbe Quelle, sie entspringen beide aus dem innersten Grunde seines Charakters.

„Träum weiter, träum von Tod und von Verderben!" ruft ihm das letzte Traumbild zu. Und er träumt weiter, er sieht sich im Geist in der Schlacht: sein Pferd erschossen, er selbst mit Wunden bedeckt! Träumend fährt er auf:

> Ein anderes Pferd! verbindet meine Wunden!
> Erbarmen, Jesus!

Es war nur ein Traum, und Richard kennt seinen Ursprung:

> Still! ich träumte nur.
> O feig Gewissen, wie du mich bedrängst!

Einen Augenblick fühlt er mit der vollen Klarheit der Selbsterkenntnis die ganze Hölle dieses Gewissens; dann schüttelt er den Traum und die Gewissensqual ab, wie Ratcliff ihm den Anbruch des Morgens meldet. Der Traum bedeutet nichts. Und doch, wie macht das Wort, womit Richard selbst das Andenken an diesen Traum vertilgen und bei Seite werfen möchte, ihn so bedeutungsvoll: es war ein „plauderhafter" Traum!

> Laßt plauderhafte Träum uns nicht erschrecken,
> Gewissen ist ein Wort für Feige nur!

3. Die Schlacht.

Mit dem Tagesanbruch der Schlacht naht sich die Erfüllung des Schicksals. Und im Angesichte der bevorstehenden Schlacht erhebt sich in Richard wieder in voller Stärke der kriegerische Sinn, die heroische Furchtbarkeit seiner Natur, „um drohender Gegner Seelen zu erschrecken!" Er wird noch einmal ganz er selbst, und jener Abgrund des Gewissens, der sich im Schlafe vor ihm auftat, ist jetzt wieder geschlossen und zugedeckt von der Energie und Tapferkeit seines Willens. Wie ihn die Kampfeslust ergreift, sind die bösen Ahnungen und Träume aus seinem Gemüte wie weggebannt.

Die ersten Schritte am Morgen der Schlacht lenkt noch der Argwohn; er horcht bei den Zelten, was Northumberland sagt, was Surrey antwortet. Sie werden treu befunden. Warum horcht er nicht auch bei Stanley, der ihn verrät?

Der Tag zieht düster herauf, ohne hellen, freudigen Sonnenschein. Einen Augenblick lang kommt ihm die Anwandlung einer trüben Ahnung, die er aber gleich bewältigt:

> Nicht scheinen heut! Ei nun, was gilt das mir
> Mehr als dem Richmond? denn derselbe
> Himmel, der mir sich wölbt, sieht trüb herab auf ihn.

Bestimmt und klar gibt er den Schlachtbefehl und ordnet sein Heer. Auf die Frage: „was meinst

du?" antwortet Norfolk: „eine gute Ordnung, krieg-
rischer Monarch!" Und wie ihm Norfolk den Zettel
zeigt, den er in seinem Zelte gefunden: „Hans von
Norfolk, laß klüglich Dir raten, Richard, Dein Herr,
ist verkauft und verraten!" macht ihn dies nicht einen
Augenblick mehr irre: „das ist ein Stück vom Feinde
ausgedacht!"

In seiner Rede an das Heer ist Richard ganz er
selbst, jedes Wort strotzt von Verachtung gegen die
zusammengelaufenen Rebellen und den flachen Richmond und ist zugleich geschwellt von kriegerischem
Drang und nationalem Selbstgefühl:

> Bedenkt, mit wem ihr euch zu messen habt:
> Ein Schwarm Landläufer, Schelme, Vagabunden,
> Bretagner Abschaum, niedre Bauernknechte,
> Die ausgespien ihr übersättigt Land
> Zu tollen Abenteuern, sicherem Untergang.
> Wer führt sie als ein kahler Bursch, seit lange
> Von unsrer Mutter in Bretagne ernährt?
> Ein Milchbart, einer, der sich lebenslang
> Nicht über seine Schuh in Schnee gewagt?
> Peitscht dies Gesindel übers Meer zurück,
> Stäupt fort dies flache Lumpenpack aus Frankreich,
> Die Bettler, hungrig, ihres Lebens müde,
> Die schon gehängt sich hätten, arme Ratzen,
> Wär nicht der Traum von dieser läppschen Fahrt!
> Solln wir besiegt sein, nun, so seis durch Männer
> Und nicht durch die Bastarde von Bretagnern,
> Die unsre Väter oft in ihrem Lande
> Geschlagen, durchgedroschen und gewalkt
> Und sie der Schand urkundlich Preis gegeben.

Mitten in der Rede hört er die Trommeln der Feinde, und seine letzten Worte sind, als ob der Gott des Krieges sie spräche, so feurig, so voll Kampfeslust:

> Kämpft, Englands Edle, kämpft beherzte Sachsen!
> Zieht, Schützen, zieht die Pfeile bis zum Kopf!
> Spornt eure stolzen Roff' und reit't im Blut,
> Erschreckt das Firmament mit Lanzensplittern!

Der offenkundige Verrat Stanleys, der ihm gemeldet wird, schreckt ihn nicht mehr; seine Seele ist schon im Feuer der Schlacht, er eilt den heranrückenden Feinden entgegen mit dem Feldrufe:

> Wohl tausend Herzen schwellen mir im Busen,
> Voran die Banner! setzet an den Feind!
> Und unser altes Wort des Muts, Sankt George,
> Beseel uns mit dem Grimme feuriger Drachen!
> Ein auf sie! Unsre Helme krönt der Sieg.

4. Der Fall.

Die Schlacht wendet sich gegen ihn; er selbst kämpft wie ein Löwe und verschmäht die Flucht.

> Der König tut mehr Wunder als ein Mensch
> Und trotzt auf Tod und Leben, wer ihm steht;
> Ihm fiel sein Pferd und doch ficht er zu Fuß
> Und späht nach Richmond in des Todes Schlund.

Da erfüllt sich das Traumbild und jenes angstvolle Wort, womit Richard aus dem nächtlichen

Traume auffuhr: „ein andres Pferd! verbindet meine Wunden! Erbarmen, Jesus!" Es erfüllt sich und erfüllt sich auch nicht. Der kämpfende Richard ist nicht der träumende. Geängstet, bebend, von Furcht überwältigt, war er aus dem Schlafe erwacht, und kalter Schweiß deckte sein schauderndes Gebein. Jetzt, mitten im Schlachtgewühl, ist er in seinem Element; es ist kein angsterfüllter, sondern ein feuriger kampfes- lustiger Ruf, womit er jetzt ein anderes Pferd fordert; in diesen Ruf mischt sich jetzt kein um Erbarmen flehendes Wort, nur der Gedanke an seine Krone:

Ein Pferd! ein Pferd! Mein Königreich für ein
Pferd!

Er verlangt es nicht um zu fliehen, sondern um zu kämpfen. Als Catesby ihn bittet: „Herr, weicht zurück, ich helf euch an ein Pferd!" erwidert Richard:

> Ich setzt auf einen Wurf mein Leben, Knecht,
> Und will der Würfel Ungefähr bestehn.
> Ich denk, es sind sechs Richmonds hier im Feld;
> Fünf schlug ich schon an seiner Stelle tot.
> Ein Pferd! ein Pferd! mein Königreich für ein Pferd!

Er fällt als ein Held und als ein König. Seine letzte Begierde ist der Kampf, sein letzter Gedanke die Herrschaft. Dieser Tod ist der einzig richtige Schluß dieses Charakters: er endet, wie er begann; er erfüllt das Gesetz, wonach er angetreten. Und um

diese Entwicklung seines Charakters mit einem Worte
zu schließen, das ihre ganze Summe in sich enthält,
so lasse ich mit den Worten des Dichters Stanley,
den Feind und Verräter Richards, sprechen.   Er
bringt nach der Schlacht von Bosworth das eroberte
Diadem dem Sieger Richmond, um dessen Stirn
damit zu zieren.   Und wie hat er es erobert, dieses
Zeichen der Königsherrschaft?   Er sagt: „Dies lang
geraubte Königs-Kleinod hab ich von des Elenden
toten Schläfen gerissen!"